シリーズ「遺跡を学ぶ」140

物部氏の拠点集落
布留遺跡

日野 宏

新泉社

物部氏の拠点集落
—布留遺跡—

日野　宏

【目次】

編集委員
勅使河原彰（代表）
小野　昭
小野正敏
石川日出志
小澤　毅
佐々木憲一

装幀　新谷雅宣
本文図版　松澤利絵

第1章　石上神宮と布留遺跡

1　大和の要衝、布留

布留《ふる》遺跡は、大和高原に源を発する布留川が盆地部へ流れ出す谷口付近の、布留川によって形成された右岸の扇状地上、および左岸の河岸段丘上に広がる、東西二・〇キロ、南北一・五キロの広さの旧石器から近世にいたる複合遺跡だ（図1・2）。本書では、現在の行政区画では天理市の杣之内《そまのうち》・守目堂《もりめどう》・豊井《とよい》・布留などの各町にまたがって布留遺跡が所在する地域を「布留」とよぼう。

この布留の東部には、奈良盆地東縁の山裾を桜井から布留を通り、奈良に向かう山辺の道が南北にはしる。この道は、『古事記』崇神天皇条には「御陵は山辺の道の勾《まがり》の岡の上に在り」と記され、また景行天皇条にも「御陵は山辺の道の上に在り」とあって、古くから存在した幹道であった。また、『日本書紀』の武烈天皇即位前紀には乃楽山《ならやま》（平城山《ならやま》丘陵）で討たれた

図1 • **布留遺跡全景**（南上空より）
写真中央、東の山塊から盆地に流れ出た布留川が形成した扇状地上に市街地が広がっている様子がわかる。布留遺跡はこの扇頂から扇央部、南岸の河岸段丘上に広がる。

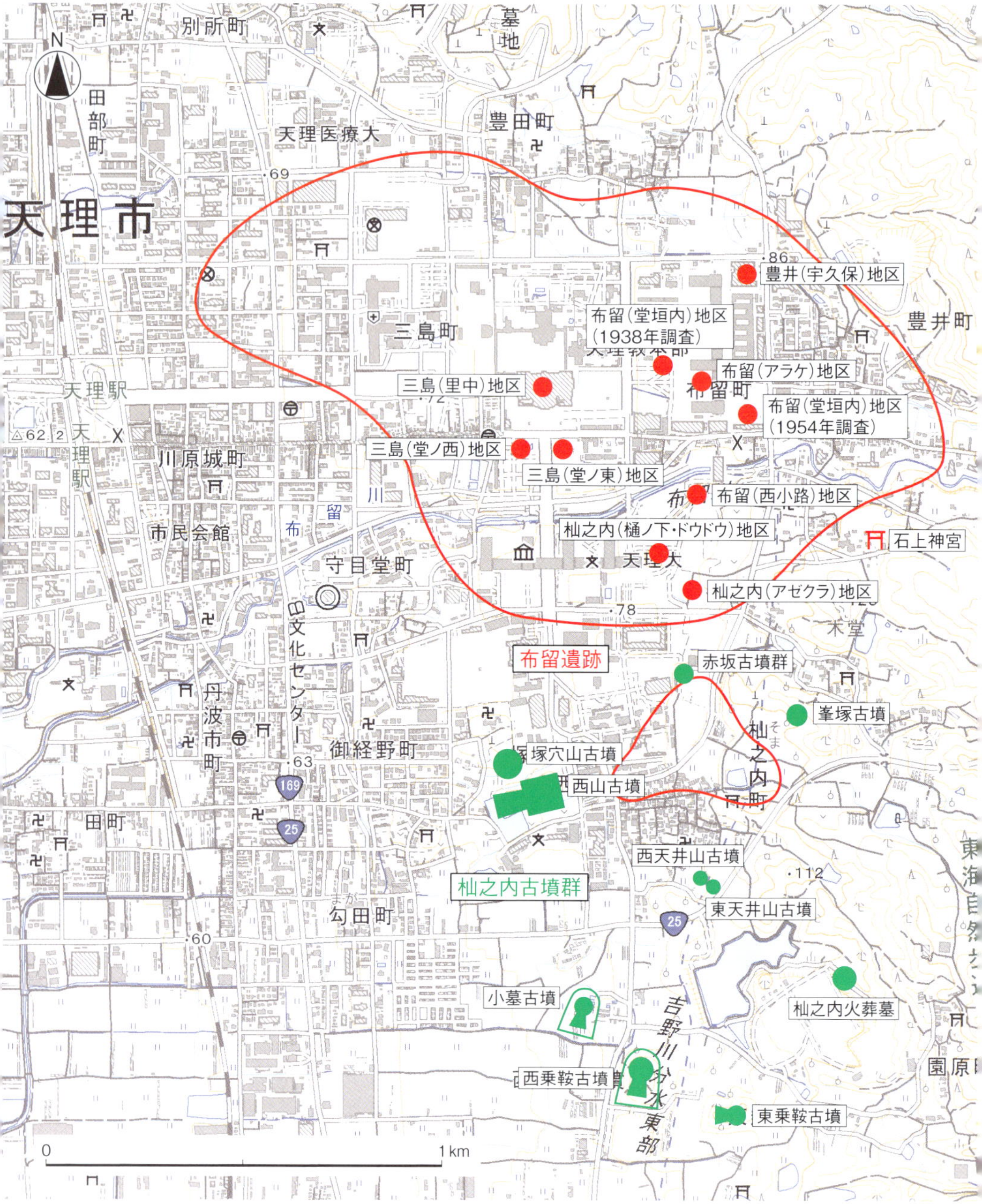

図2 • 布留遺跡の調査区と杣之内古墳群

東西2 km、南北1.5 kmの大きさの布留遺跡の南には、この地を治めた首長の奥津城である杣之内古墳群が隣接する。

平群鮪《へぐりのしび》を慕う物部《もののべ》麁鹿火《あらかび》の娘、影媛《かげひめ》悲哀の歌が載せられている。

石《いそ》の上《かみ》　布留を過ぎて　薦枕《こもまくら》　高橋《たかはし》過ぎ　物多《ものさは》に　大宅《おほやけ》過ぎ　春日《はるひ》　春日《かすが》を過ぎ　妻隠《つまごも》る小《こ》
佐保《さほ》を過ぎ　玉笥《たまけ》には　飯《いひ》さへ盛《も》り　玉盌《たまもひ》に　水《みづ》さへ盛《も》り　泣《な》き沾《そぼ》ち行くも　影媛あはれ

この歌から、桜井からのびていた古道が布留を過ぎて、さらに高橋、大宅、春日、小佐保を過ぎて、乃楽山へと通じていたことを知ることができる。

また、布留川は伊勢・伊賀に通じる重要なルートとなっていることが和田萃によって指摘されている。布留川をさかのぼると天理市福住《ふくすみ》を経て、奈良市都祁《つげ》にいたる。都祁には、古墳時代中期から後期にかけての三陵墓《さんりょうぼ》古墳群があり、中期には三陵墓西古墳や三陵墓東古墳が相前後して築かれている。三陵墓西古墳は、直径四〇メートルの大型円墳で全長八・四メートルの長大な割竹形木棺を埋葬施設とし、三陵墓東古墳は全長一〇〇メートルを超える前方後円墳で、古墳時代中期に大きな勢力がここにあったことがわかる。

布留遺跡は布留川のルートを通じて、都祁の勢力ともつながり、さらには伊賀・伊勢へとも通じ、奈良盆地のみならず、東の勢力とも通じる交通の要衝に位置していたのである。

2　石上神宮と物部氏

『古事記』『日本書紀』のなかの石上神宮

布留遺跡の東縁には石上神宮《いそのかみ》が鎮座する（図3右）。布留遺跡は物部氏が拠点を置いた遺跡として知られているが、両者の関係はこの石上神宮の存在を抜きにしては語ることができない。また、石上神宮はヤマト王権と深いかかわりをもつ神宮でもあった。『古事記』『日本書紀』の語る石上神宮と物部氏の関係についてみてみよう。

石上神宮は、フツノミタマを祭神とし、古くより物部氏によってまつられてきたとされる。このフツノミタマについては『古事記』中巻神武天皇条に、神武天皇が日向より東征して熊野に入ったときに、大熊があらわれ、その毒気にあたり神武天皇の軍は倒れるが、天照大神《あまてらすおおみかみ》によって天より「横刀《たち》」が遣《つか》わされ、その霊威により神武天皇の軍は勝利したとされる。この横刀はフツノミタマとよばれ、「石上神宮に坐す」とある。『日本書紀』神武天皇即位前紀戊午年六月条にも同じような話が載せられている。

ここで述べられているように石上神宮の祭神、フツノミタマは武器神であった。

王権の武器庫としての石上神宮

また、『古事記』中巻垂仁天皇条に印色入日子命《いにしきいりひこのみこと》が横刀《たち》一千口をつくり、石上神宮に納め、それを管理したことが記されていて、石上神宮の武器庫としての性格を読みとることができる。

『日本書紀』垂仁天皇三九年一〇月条にも同様の記事がある。

石上神宮には六一文字の銘文が表裏両面に金象嵌《きんぞうがん》された有名な七支刀《しちしとう》が納められている（図3左）。これは、後で述べる石上神宮の信仰の対象となっていた禁足地から出土したものではなく、五世紀に製作されたとみられる鉄盾などとともに、長年にわたり神宮に伝世してきたものである。

吉田晶の訳によれば、表には「泰和《たいわ》四年（三六九）十一月十六日、刀剣を造るのによい日と時刻をえらんで、よく鍛えた鉄で七支刀を造った。この刀はあらゆる兵器による災害を避けることができ、礼儀正しい侯王が所持するのに相応《ふさわ》しいものである」と刻まれ、裏には「いままで、このような刀はなかった。百済王（近肖古王）の世子（近仇首王）は、神明の加護を受けて現在に至っている。そこで倭王の為にこの刀を精巧につくらせた。刀が末長く後世に伝

図3 ● 石上神宮の七支刀（左）**と 石上神宮拝殿**（右）
左の百済から贈られた七支刀には、61文字の銘文が表裏面に金象嵌であらわされていた。拝殿の後ろには禁足地がある。

えられることを期待する」と刻まれている。

東晋の泰和四年の金象嵌銘をもつ七支刀は、百済から倭国の王に送られものであった。この七支刀の伝世は、石上神宮の王権の武器庫としての性格を如実に物語っている。

物部首と物部連

石上神宮と物部氏との関係については『日本書紀』に二つの話が載っている。『日本書紀』垂仁天皇八七年二月条には、剣一千口を石上神宮に納め、それを管理していた五十《い》瓊敷命《にしきのみこと》が年をとったので、その管理を妹の大中姫《おおなかつひめ》に譲ろうとしたが、大中姫はそれを辞退して物部十千根大連《もののべのとおちねのおおむらじ》にゆだねたこと、そして、それ以降、物部連等が石上神宮の神宝を管理したことが記されている。

また、『日本書紀』垂仁紀の一伝に、五十瓊敷命のつくった大刀一千口は最初、忍坂邑《おしさかのむら》に納めたのち、そこから移されて石上神宮におさめられたと記されている。その際、神の乞いによって春日臣《かすがのおみ》の族で市河《いちかわ》という者に管理させた。これが物部首《もののべのおびと》の始祖だというのである。ここには石上神宮の創祀について、物部連と物部首の二つの記事がみえる。

津田左右吉は『新撰姓氏録』の布留宿禰（のちの物部首）が、石上の地に古くから住んでいた土着の豪族で、のちに武臣として勢力をもっていた物部連が乗り込んできて布留宿禰を部下にしたために、『日本書紀』に両氏の石上神宮創始の由来譚が採録され、二つの記事となったとする。

松前健は、祭祀の変遷とそれにともなう神話伝承の分析や考古学的徴証から津田説を支持している。

この時代、『古事記』には住吉仲皇子《すみのえのなかつのみこ》の乱の際に、履中天皇が石上神宮に逃げ込んだという記事があり、『日本書紀』履中天皇四年条には「石上溝《いそのかみのうなで》」を掘るという記事がある。また、雄略天皇と皇位をあらそう地位にいて殺された履中天皇の皇子の市辺押磐皇子《いちべのおしはのみこ》がこの地に宮をおいていたらしいことなどから、この地がヤマト政権にとって非常に重要な場所であったことがうかがえる。

松前は、この時期に台頭する物部連氏がヤマト政権の軍事・警察権を掌握し、地方鎮定事業にたずさわり、各地の豪族の神宝をとり上げ、石上神宮の庫におさめて管理するようになり、土着の豪族の布留宿禰氏の祭祀権を掌握したとする。そして、それまでおこなわれていた単なる川辺の祭祀を天皇の御寿の長久を祈る鎮魂的な祭祀として、川岸より高い現在の社地辺の祭場でおこなうようになったとし、祭祀法が決定的に変革したのは、五世紀後半以降の物部連氏の台頭によるものであるとしている。

3　石上神宮の禁足地のまつり

菅政友の発掘調査

石上神宮は桜井市の大神神社《おおみわじんじゃ》と同様に社殿をもたないことが大きな特徴としてあげられる。

大神神社が三輪山をご神体とするのに対し、ここでは禁足地が信仰の対象となっていた。禁足地というのは、拝殿の北に位置する東西四四メートル、南北二八メートルほどの広さの長方形の平坦地で、剣先形をした石製の瑞垣《みずがき》によって囲われた聖域である。この禁足地には、かつて円形の土盛りがあり、古くからここに祭神のフツノミタマがおさめられているという言い伝えがあった。

一八七三年（明治六）に石上神宮の大宮司となった菅政友《かんまさとも》は、禁足地に埋められたままにされていた御神体のフツノミタマを発掘して奉安することを計画し、一八七四年（明治七）八月二〇日から三日間、発掘調査をおこなった。

発掘の場所は、まさにこの禁足地中央の円丘のあったところである。円丘は拝殿から後方に約三メートル離れたところにあり、高さが〇・八メートル、周囲が七メートルほどであった。

図4 ● 本殿
禁足地から出土した神剣、フツノミタマはその後、本殿が建てられ奉安された。本殿の前面には、出土地点を示す標石が置かれている。

ここを地表下三〇センチまで掘り下げると、二・七メートル四方の瓦敷があらわれ、その下から三〇センチ大の礫を積んだ石囲があらわれた。さらに地表下〇・九メートルの地点からは多数の緑色の勾玉《まがたま》や管玉《くだたま》が土石に混じって出土したという。

その中心から東と西に隔たった地点からは、鉄剣と鉄鉾《ほこ》がそれぞれ一点出土している。鉄剣は完形で、中央から東に〇・九メートルの地点から出土しており、菅政友はこれこそが神剣、フツノミタマであると考えた。しかし、実際は剣ではなく、九〇センチほどの内反りの素環頭《そかんとう》大《た》刀《ち》で、その後に建てられた本殿にまつられている（**図4**）。現在はこの本殿の前に出土地点を示す標石が置かれている。

このときの出土遺物（**図5**）について、大場磐雄が当時の発見品の目録として列挙したものは神剣一、鉾身及柄残片、勾玉一一、管玉二九一、方柱形管玉（角管玉）一、弦月形玉一、棗《なつめ》玉（丸玉）九、琴柱《ことじ》形石製品（緑石）一、鈴（？）一、鈴（？）破片九、籠手《こて》残片一、古瓦片多数となっている。

その後の発掘調査

その後、一八七八年（明治一一）五月に正殿幣殿の新築に際して発掘がおこなわれたようであるが、これは組織的なものではなく、調査についての記録や出土遺物についての記録も残されていない。

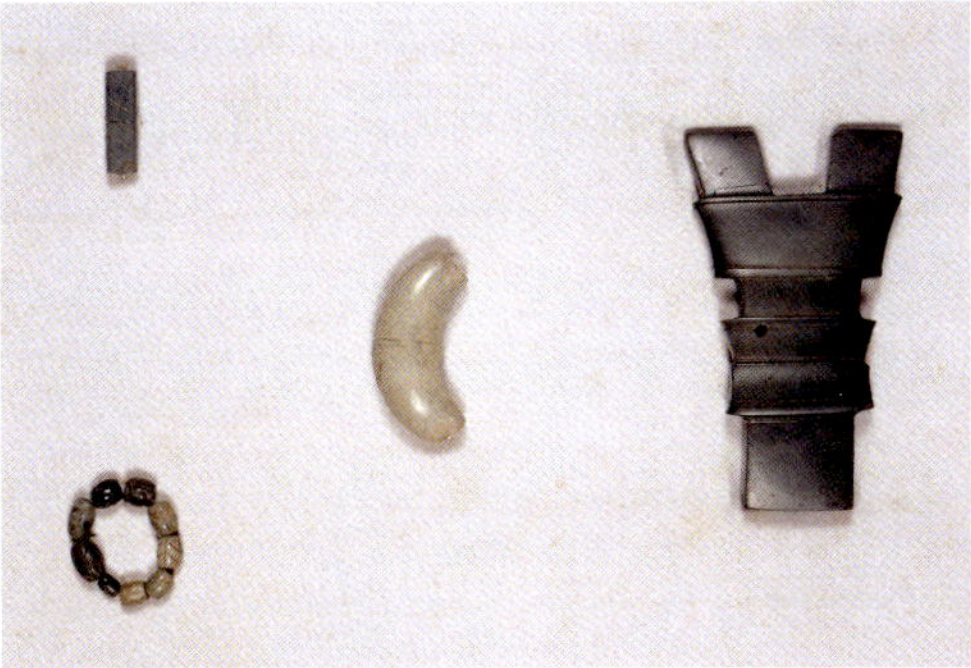

図5●禁足地出土遺物
禁足地からは神剣とされる鉄刀や鉾のほか、琴柱形石製品、棗玉、勾玉、管玉などの多数の玉類などが出土している。

しかし、多数の出土品（とくに玉類）があって、散逸したことが伝聞としてあり、大場は宝物および貴重品台帳にある寄附と記載されたものに、このときの出土品があるとみて、その推定遺物の一覧を載せている。

それは草花鏡一、萩菊双雀鏡一、金銅製球形品残片二、八稜鏡一、五稜鏡一、環頭式柄頭《つかがしら》一、金・銀・銅環三、銅釧《くしろ》片一、鉄環二、石突《いしづき》様銅製品一などである。

また、一九一三年（大正二）九月にも本殿造営に際して遺物が出土しており、登録台帳などによってその内容が判明している。それによれば金連環一、管玉一がある。それ以外の未登録品には古瓦破片数個と不明土製品破片一個があげられている。

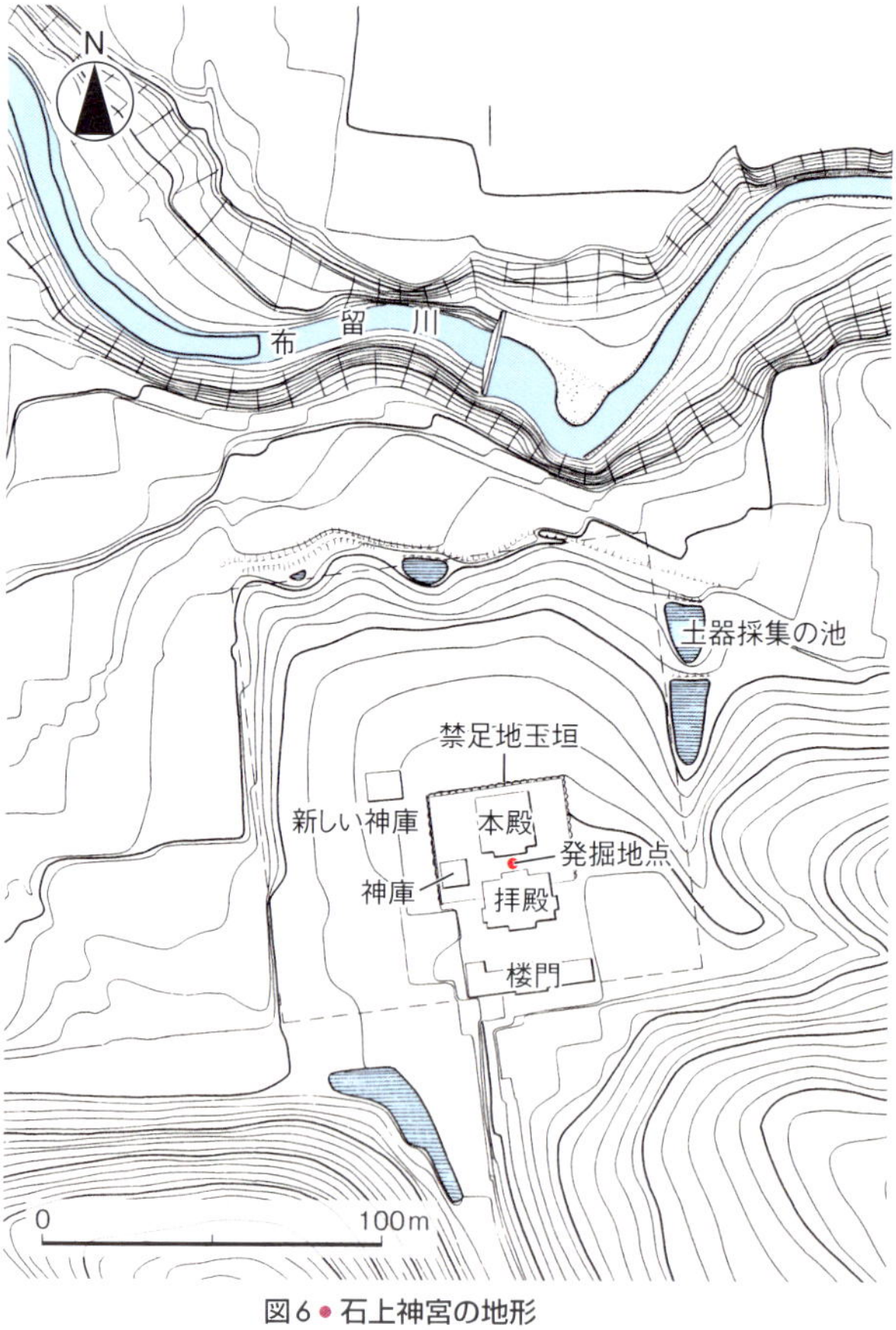

図6●石上神宮の地形
石上神宮は一辺120 mほどの方形の地形の中央に位置する。

境内の採集遺物

このほかに、境内の縁辺部につくられた溜池からは土師器《はじき》高杯《たかつき》・壺《つぼ》、須恵器《すえき》高杯などが採集されている。境内地の一辺一二〇メートルの方形の平坦地（図６）は、斜面を造成したものとみた置田雅昭は、神庫の新たな建設に際しておこなわれた橿原考古学研究所の調査成果や現在の石上神宮の主要建物が鎌倉時代であることを根拠に、この造成は鎌倉時代におこなわれたものと推測している。溜池はこの造成地の裾に位置する。そして、ここで採集された土器（図７）は古墳時代中期後半に境内でまつりがおこなわれた際に使用されたものと考えた。

禁足地の成立

また、置田は一八七八年と一九一三年の出土品については、伝禁足地出土品として区別して考えるべきであるとしている。そして、禁足地の成立時期は、菅政友によっておこなわれた一八七四年の調査での出土品のうち、もっとも新しい金銅製品によるべきとして、古墳時代中期以降という見方を示した。

先述のように『古事記』や『日本書紀』などの記述によれば、石上神宮は古くから物部氏によってまつられ、ここには多数の武器が納められていたとある。実際に、平安時代の八〇五年（延暦

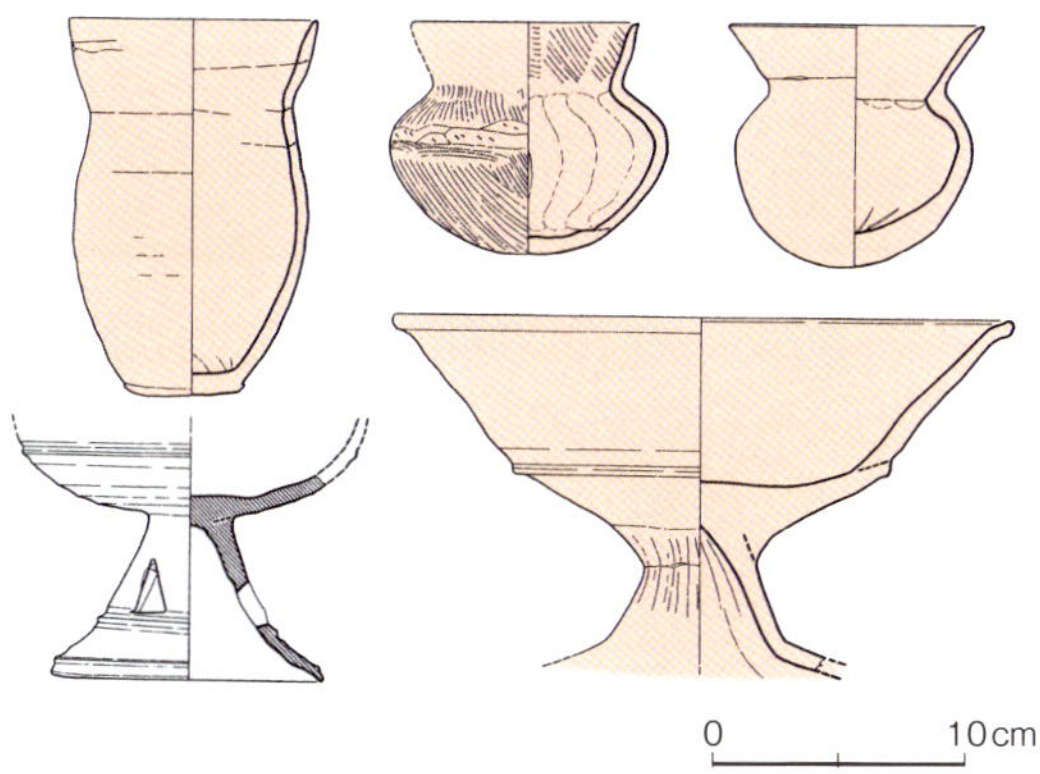

図７●境内地縁辺の池より出土した土器
縁辺部の溜池からは土師器の小型丸底壺や高杯、須恵器の高杯などが採集されている。

二四）に、桓武天皇が石上神宮の武器を山城国に移そうとした際には一五万七千人余の人手を要したことが『日本後紀』に記されており、ここに王権の武器庫としての石上神宮が存在したことは確かなこととみられている。

しかしながら、禁足地の成立については、実際には平安～鎌倉時代の遺物が出土しているほか、石囲についても境内の造成時につくられた可能性も残されており、その年代決定にはなお問題を残している。

禁足地のまつり

石上神宮の禁足地でのまつりの内容は明らかではないが、石上神宮は王権の武器庫であり、祭神は王権の成立にかかわる神剣フツノミタマであった。また、その成立が物部連氏が創始した天皇の御寿の長久を祈るという鎮魂的祭祀であったとする松前の説などから、これは王権にかかわる祭儀であったとみられる。その成立は、やはり通説のように物部氏の台頭する五世紀のことと考えられる。

置田は、これまでの布留遺跡の調査成果から、布留川の北の氾濫原で古墳時代中期前半にくり返し祭祀がおこなわれ、中期後半に祭場が布留川の南岸に移され、石上神宮の禁足地が成立したとする。これは土着の豪族である布留宿禰氏が古来より布留川でまつりをおこなっていたところに、新来の物部連氏が石上神宮の祭祀をはじめたとする松前氏の説とよく符合する。

次章でこの布留川の北と南でおこなわれたまつりをみていこう。

第２章　布留のまつり

布留遺跡では布留川の北の氾濫原で、さまざまなまつりにかかわる場所が発見されている。古墳時代中期前半（五世紀前半）には、祭場を画するために用いられていたのではないかと推測される特殊な円筒埴輪や朝顔形埴輪が発見されたり、石敷に多数の土器を並べ、数千個におよぶ滑石製模造品が供えられたりするなど、布留遺跡を特徴づける布留川のまつりの様子があきらかになっている。また、布留川南岸の河岸段丘上の調査区では、まつりに使用した道具を投棄したり、土器を埋置したりした土坑（穴）が多数発見されている。

1　布留川北岸地域のまつり

布留遺跡最初の調査―布留（堂垣内）地区

布留遺跡で最初に発掘調査がおこなわれたのは、布留（堂垣内）地区であった。この調査は天理高等女学校のプール建設に際して、偶然に遺跡の存在がわかり、一九三八年（昭和一三）に末永雅雄・小林行雄・中村春寿《はるひさ》等によって実施された。

この調査ではA・B・Cとよばれる地点で石を敷き並べた遺構（図8）が検出され、住居跡としての可能性が指摘された。しかし報告書では、その広がりが二平方メートルに満たないうえに、まばらな敷石であったため、これを住居跡と断定するには躊躇を感ずるとしている。

興味深いのは、この敷石の上に木炭片を含んだ黒土層や灰層が認められたことで、土器類はほとんどこの敷石から集中して出土している。土器は土師器の甕・壺・高杯・小型丸底壺を主体としたもので、須恵器が少量あったことが報告されている。このほかA地点からは、いわゆる滑石製模造品とよばれる玉類などのほかに櫛が出土している（図9）。

その後の調査の類例などから判断すると、この石敷遺構はまつりにかかわるものであったと考えられる。その後の布留遺跡を特徴づける祭祀との深いかかわりは、このときの調査ですでにその一端を垣間見せていたのである。

この調査の重要性はそれだけではなく、出土した遺物のなかに碧玉《へきぎょく》とよばれる北陸地方や山陰地方などで産出する深緑色をした玉作りに用いる石材の破片がみられたことから、布留遺跡

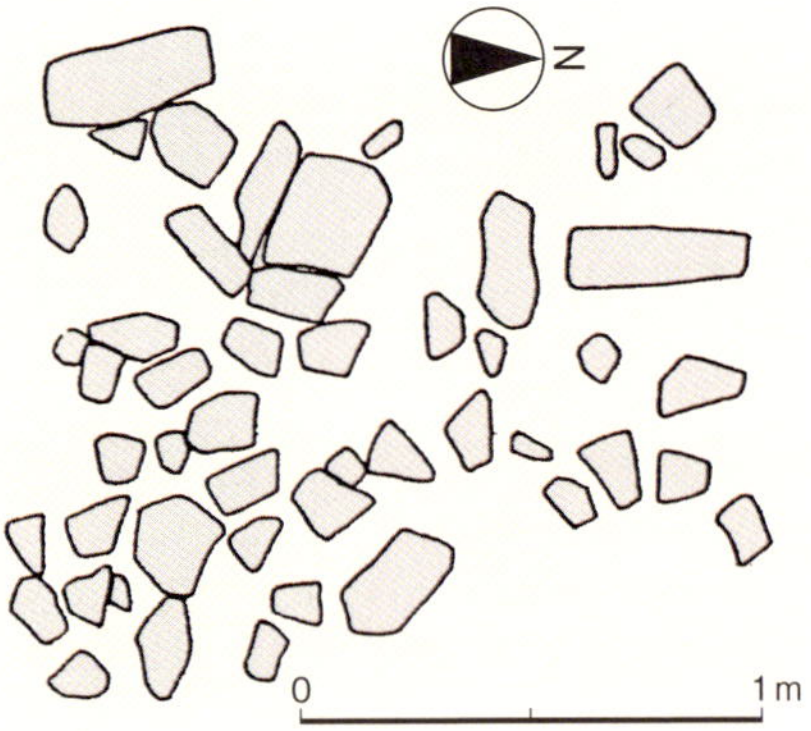

図8 ● 石敷遺構
発見された石敷きは2㎡に満たない、まばらな敷石で、この上には木炭片を含んだ黒土層や灰層があり、土器類のほとんどがここから集中して出土したという。

で玉作りがおこなわれていたことが推測されたほか、鉄器工房の存在を予想させる鉄滓《てっさい》などが発見されていることである。鉄滓というのは鉄素材をととのえたり、鉄製品をつくるときにでる残滓《ざんし》のことである。

調査の詳細については当時の図面や写真が残されていないため不明だが、以上述べたように、布留遺跡を特徴づける布留のまつりや、玉工房、鉄器工房などの存在を示唆する諸点がこのときの調査であらわれていた。

布留式土器の誕生

また、ここから出土した土器の一群は、当時知られていた土師器のなかでも古い様相を示すことから遺跡の名をとって、「布留式土器」（図10）の名がつけられた。これは今日、古墳時代前期の土師器を代表する名称となっている。ただし、実際にはこのときに出土した土器の多くは布留式土器

図9 ● 布留（堂垣内）地区出土遺物
1938年の調査で出土した土器・玉類。

のなかでも時期の下る古墳時代中期のものであった。

しかし、八〇年近くも前に、これらの一群の土器が古い様相をもつものとして認識され、「布留式土器」の名称がつけられたことは、本調査が学史のうえからも、大変重要な意味をもつものであったことを示している。

西日本屈指の祭場

一九三八年の布留（堂垣内）地区の調査の後、布留遺跡では遺跡の東辺部における都市計画道路の建設やその西側の地域での大がかりな開発を契機として、一九五三年より三年にわたる調査が実施された。

一九五四年には、一九三八年の調査地点から南東に一五〇メートルほど離れたところで古墳時代中期の石敷遺構が発見された（**図11**）。この石敷は残された写真からみると人頭大から拳大の河原石を敷き詰めたものである。その全容は南と東側が調査区外であるため不明であるが、ここからは多数の土師器の壺や高杯のほか、石敷上からは土器に混じって剣形石製品、有孔《ゆうこう》

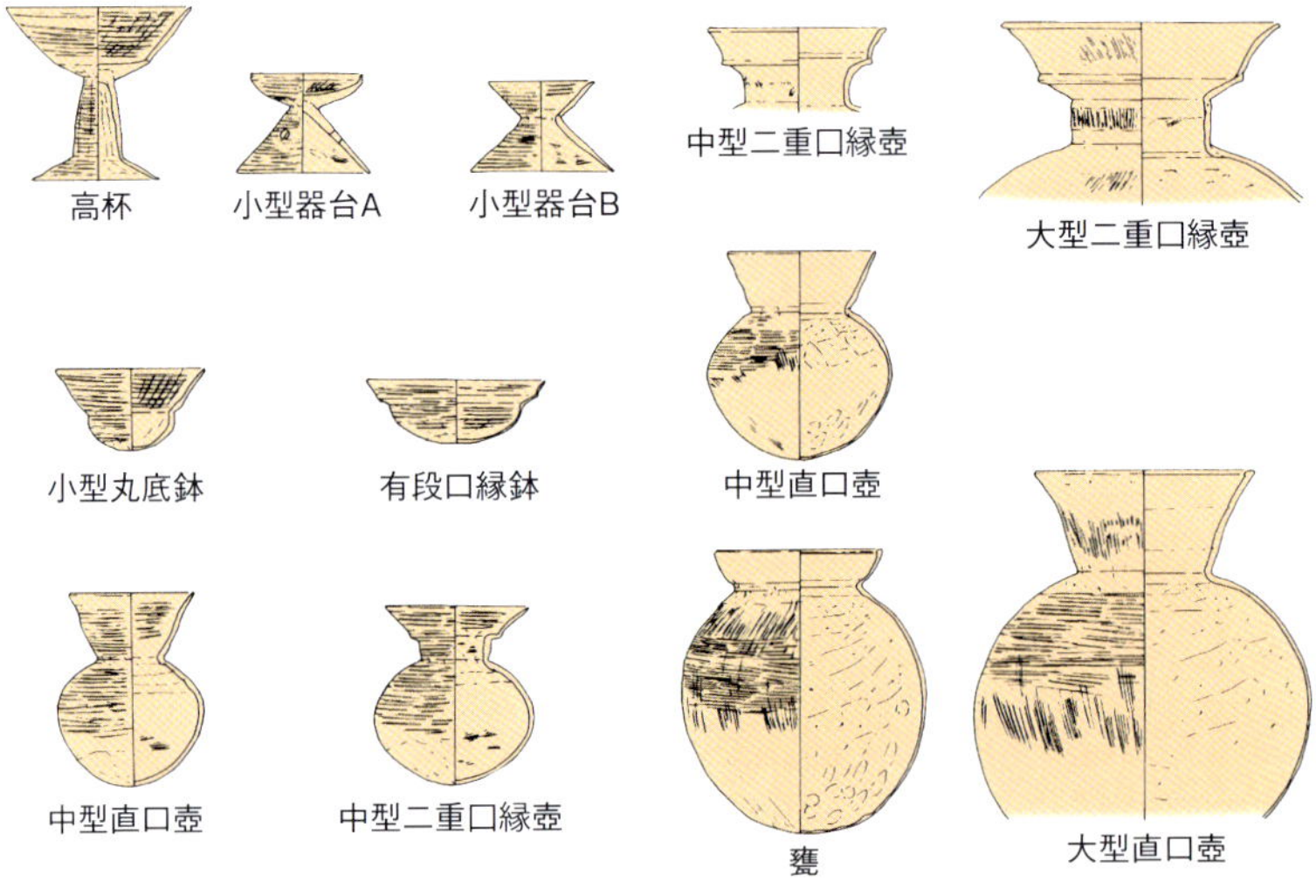

図10 ● 古墳時代前期の土師器の代表、布留式土器の器種構成
布留式土器には甕のほかに、小型丸底壺や高杯、小型器台、鉢などがセットとなっている。

図11 • 1954年の布留（堂垣内）地区の調査であらわれた石敷遺構
人頭大から拳大までの河原石の石敷の上に大小の壺や高杯などの土師器が散乱し、なかには明らかに据えられたとみられるものがある（左）。散乱する土師器の上には、有孔円板や勾玉などの多数の滑石製模造品がみられ、壺の中から出土したものもある（右）。

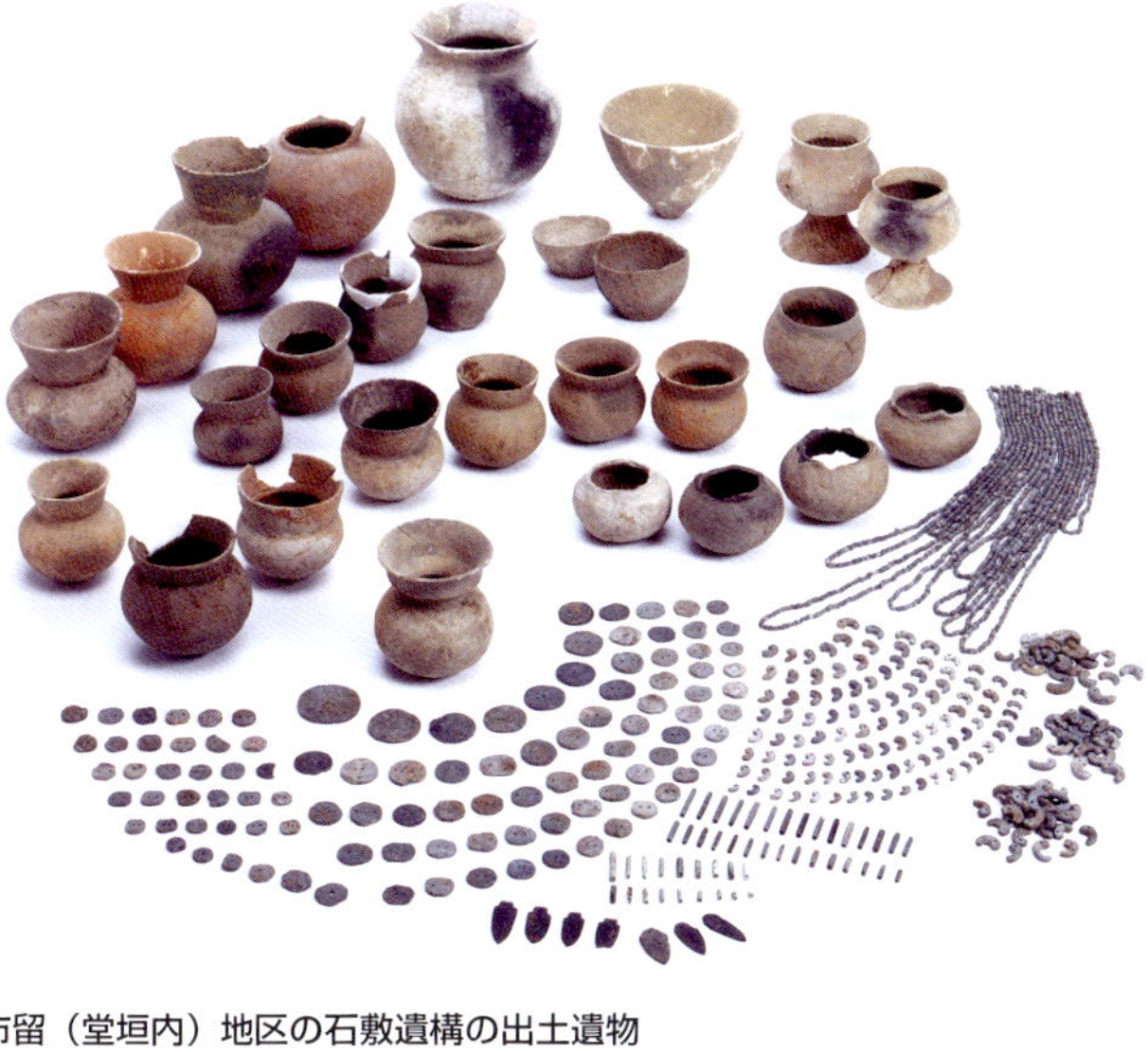

図12 • 布留（堂垣内）地区の石敷遺構の出土遺物
土師器は小型丸底壺が多いが、出土状況の写真では土師器の高杯も多くみられる。玉類は多数の臼玉、勾玉、管玉、有孔円板がある。ほかに精巧なつくりの剣形石製品（図13）が7点ある。

円板《えんばん》、勾玉、管玉、臼玉《うすだま》など、数千点におよぶ滑石製模造品やガラス製小玉、碧玉製管玉が出土している（図12）。石敷は調査区外にものびていて、その広さはさらに大きくなるため、ここに供えられた土器や滑石製模造品の総数は相当な数にのぼるものとみられる。調査時の記録が不明なため詳細は明らかではないが、なかには土師器の壺の内部に滑石製の勾玉や臼玉の残されたものが出土時の状態で保管されているものがあり、祭場での滑石製模造品のあり方を知るうえで重要である。また、出土した剣形石製品は布留遺跡出土の他の剣形石製品と比較して、つくりが非常に精巧なことも注目される（図13）。その状況から考えても、ここは古墳時代中期前半の布留の共同体のまつり、すなわち物部連氏が入る以前のまつりの場であったのだろう。

図13 ● 剣形石製品
精巧なつくりで、丁寧に鎬（しのぎ）が表現されていた（左上長さ4.5㎝）。

祭場を画した特殊な円筒埴輪—布留（アラケ）地区

一九三八年の天理高等女学校プール建設地の調査がおこなわれた地点より東に約六〇メートルのところで、工事中に特異な埴輪片が群集して発見され、一九五五年六月に発掘調査が実施された。のちに、置田雅昭が当時の調査の様子をまとめている。

出土地点では北西から南東に幅〇・四〜〇・七メートルの石列が約七メートル以上にわたって

のびており、埴輪はその北側の砂礫中から破片となって出土している（図14）。これらの埴輪にはその場に据えたようなものは認められず、無秩序に散乱したような状況であったが、いずれも押しつぶされたように出土しており、その多くは全体の復元が可

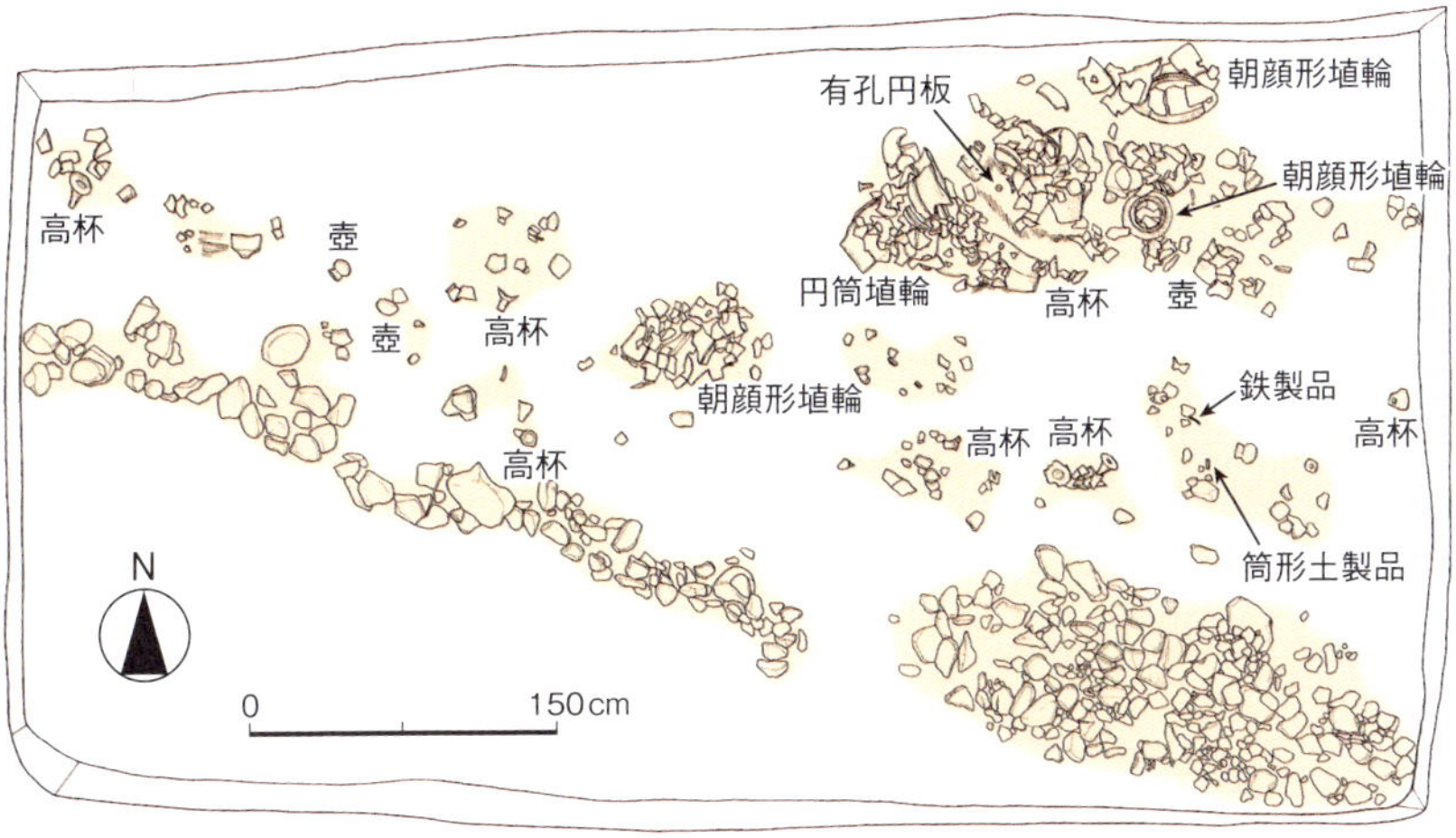

図14 ● 布留（アラケ）地区の遺物出土状況
円筒埴輪や朝顔形埴輪が点在し、近辺からは土師器壺や高杯、筒形土製品、有孔円板、鉄製品が出土している。埴輪は1個体が1群となって出土し、上の写真から土師器壺や筒形土製品といっしょに出土している様子がわかる。これらは流路とみられる砂層から出土しており、付近の川辺でまつりがおこなわれていたことを示すものとして重要だ。

能であった。その後の復元作業の結果、埴輪は円筒埴輪一〇個体、朝顔形埴輪一五〜一六個体前後であったことが判明している。

これらの埴輪は外面にハケメを施した後、表面をナデ消した丁寧なつくりで、巴形や半円形、四角形、三角形など特異な形の透孔《すかしあな》があることが大きな特徴としてあげられる（図15）。また、置田の観察によって、これらは段ごとに赤と白の彩色を施していることなども明らかにされ、ほかに例をみない通常の埴輪とは異なった様相を呈する埴輪群であった。

埴輪は通常古墳に立て並べられるものであるが、発掘時の記録にはこの地点がもと古墳であったという伝えはあったが、周辺の調査では古墳の痕跡は確認されなかったようである。このときの調査については写真と略測図が残されているだけであるため詳細は不明であるが、出土状況の写真（図14上）などから土師器甕・小型丸底壺・高杯、小型手捏《てづくね》土器、筒形土製品と滑石製有孔円板が共伴していたことが確認されている。

滑石製の有孔円板などが出土していることから、これらの埴輪は、まつりに用いられたものと推測されている。七メートル以上つづく石列は布留川の支流の南岸を示すもので、円筒埴輪の出土

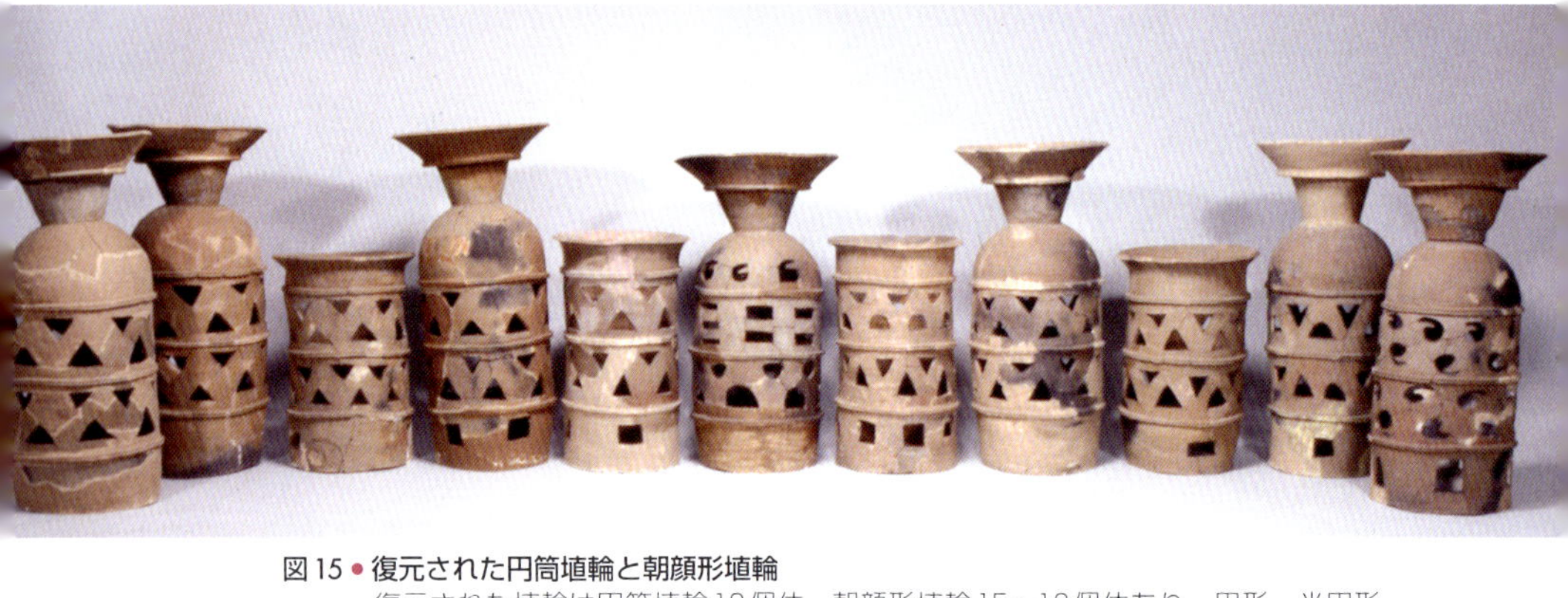

図15 ● 復元された円筒埴輪と朝顔形埴輪
復元された埴輪は円筒埴輪10個体、朝顔形埴輪15〜16個体あり、巴形、半円形、四角形、三角形など特異な形の透孔がみられる。これらの埴輪は祭場を画すためのものであったと推測されている。

場所が布留川の氾濫原であることから、これらはまつりに使われた後、ここに投棄されたものとする可能性が指摘されている。あるいは、石列は祭壇の一部で、埴輪はその周りに立て並べたとする見方も示されている。しかし、埴輪には据えた状況のものがなかったことから、ここが祭場であったとは断言できない。

時期については、出土した小型丸底壺が初期須恵器の段階の特徴を示すものとみられていることから、古墳時代中期前半頃（五世紀前半）のものとされている。

アラケ地区の埴輪はその特異性からみても、祭場を画するために用いられた特別なものと考えて大過ないであろう。おそらく、付近の川筋でおこなわれたまつりにかかわる遺物が投棄されたものであったのだろう。

現在、天理参考館では祭場を囲う円筒埴輪列として、これらの埴輪を復元的に展示している（図16）。

以上のように布留川の北の地域は布留の集団の重要な祭場のあったところと考えられるが、このほかにも多数の祭祀遺物が出土する地点が発見されている。

図16● 天理参考館布留遺跡コーナーの祭場復元展示
円筒埴輪と朝顔形埴輪が、祭場を方形に画している様子を再現している。

もう一つの祭祀遺構

布留（アラケ）地区では、先述の埴輪群が出土した地点より数十メートル南のところで、土師器高杯を中心とした古墳時代中期の土器群が検出されている。調査は埴輪群の調査と同年の一九五五年におこなわれている。当時の記録は写真を除いて不明であるが、土器群は調査時に出土状態のまま切り取られ、保管されており、当時の状況を観察することができる。

そこには多数の土師器高杯が重なっている様子が観察でき（**図17**）、その総数はかなりの数になるものとみられる。また、この土器群にはごく少量の須恵器が含まれており、杯や𤭯《はそう》が確認できるほか、滑石製の臼玉もみられる。土師器の大半が供献用の高杯で、臼玉などがみられることから、これらはまつりで使用されて、後に一括して投棄されたものと

図17 ● 布留（アラケ）地区の高杯出土状況
よく見るとほとんどの土器が土師器高杯であることがわかる。現在この高杯群は切り取られて天理参考館で保管されている。そこには滑石の臼玉もみられ、これらがまつりの供献土器であったことがわかる。

考えてよいであろう。

ここから北東に三〇〇メートルの地点に位置する豊井（宇久保）地区でも、同様の例が発見されている。そこでは滑石製模造品やミニチュアの鉄製品が共伴しており、まつりの内容をより具体的に知ることができ、布留（アラケ）地区の高杯群を理解するうえで参考となる。つぎに、この豊井（宇久保）地区の高杯群についてみてみることとしよう。

農耕のまつり―豊井（宇久保）地区

布留遺跡豊井（宇久保）地区は、埴輪群の発見された地点より北東に三〇〇メートルのところに位置する。ここでは南北二地区の調査がおこなわれている。南地区は氾濫原となっていて遺構は検出されていない。北地区では古墳時代の掘立柱建物・井戸・「土器溜まり遺構」、中世の濠などが発見されている。

「土器溜まり遺構」は自然河道の北岸にあり（図18）、遺物の出土状況から、北側の高い位置から河道に向かってま

図18●豊井（宇久保）地区の「土器溜まり遺構」が発見された河道
布留川の支流とみられる川跡の肩部に、まつりの道具が一括して投棄されたような状況で出土した。この流路は幅が50ｍ以上あったのではないかと推測されている。

つりの道具を一括投棄したものと考えられる。遺物の広がりは一部削平された可能性もあるが、直径一・三メートルほどであった。

ここからは土師器の高杯が六〇個体以上も出土しており、それ以外に土師器の壺や甕、須恵器の甕のほかに、勾玉一、管玉二、剣形石製品一、有孔円板四、臼玉七八九などの滑石製模造品や鉄製ミニチュア農耕具が出土している（図19）。先述の布留（アラケ）地区の調査で出土した高杯群と同様に、ここでも高杯が多数出土しており、その共通性が注目される。

これらの一括遺物は多数の高杯群とともに滑石製模造品やミニチュアの鉄製の農耕具がみられることから、流路の近辺でおこなわれたまつりの後に、使用した道具を一括して投棄したものと考えられる。布留（アラケ）地区では、遺物をとり上げていないため、詳細はわからないが、その一括遺物も同様の性格のものであったのだろう。ここでは古墳時代中期の多数の土師器高杯を用いた川

図19●「土器溜まり遺構」から出土した遺物
出土した土器のほとんどが土師器の高杯で、布留（アラケ）地区の高杯群との共通性が注目される（右）。左の剣形石製品（長さ5.0 cm）の中央にあけられた穴は貫通していないうえに、周囲の整形も不完全である。

辺のまつりの様子が明らかとなった。

多数の土器とともに出土した鉄製ミニチュア農耕具には鋤（鍬）先と鎌がある（図20）。鋤（鍬）先は古い型式のもので、長方形の鉄製の板の両端を折り曲げて、鋤（鍬）の先端に差し込んで装着した。後述の布留（西小路）地区出土のU字形をした鋤（鍬）先（図24上）が朝鮮半島から導入された最新式のものであったのとくらべると、これは旧式のものといえる（図21）。

また、鎌は横長の鉄板の端部を折り曲げて、ここに直行する鎌の柄を当てて固定するようになっている。本例は図の左側の先端部が欠損しているためわからないが、古い型式のものは先端部までまっすぐのびる直刃鎌とよば

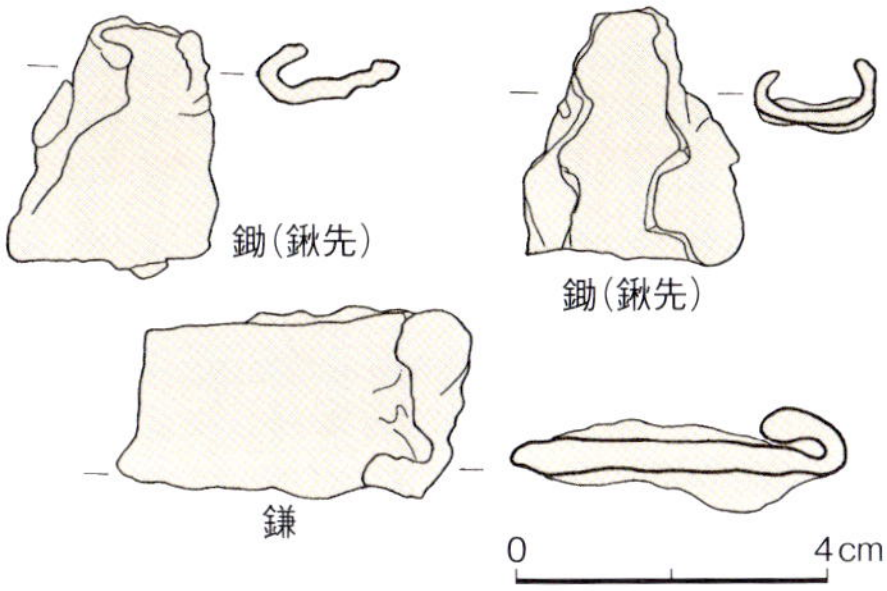

図20 ● 鉄製のミニチュア農具
まつりのお供え用につくられたものである。

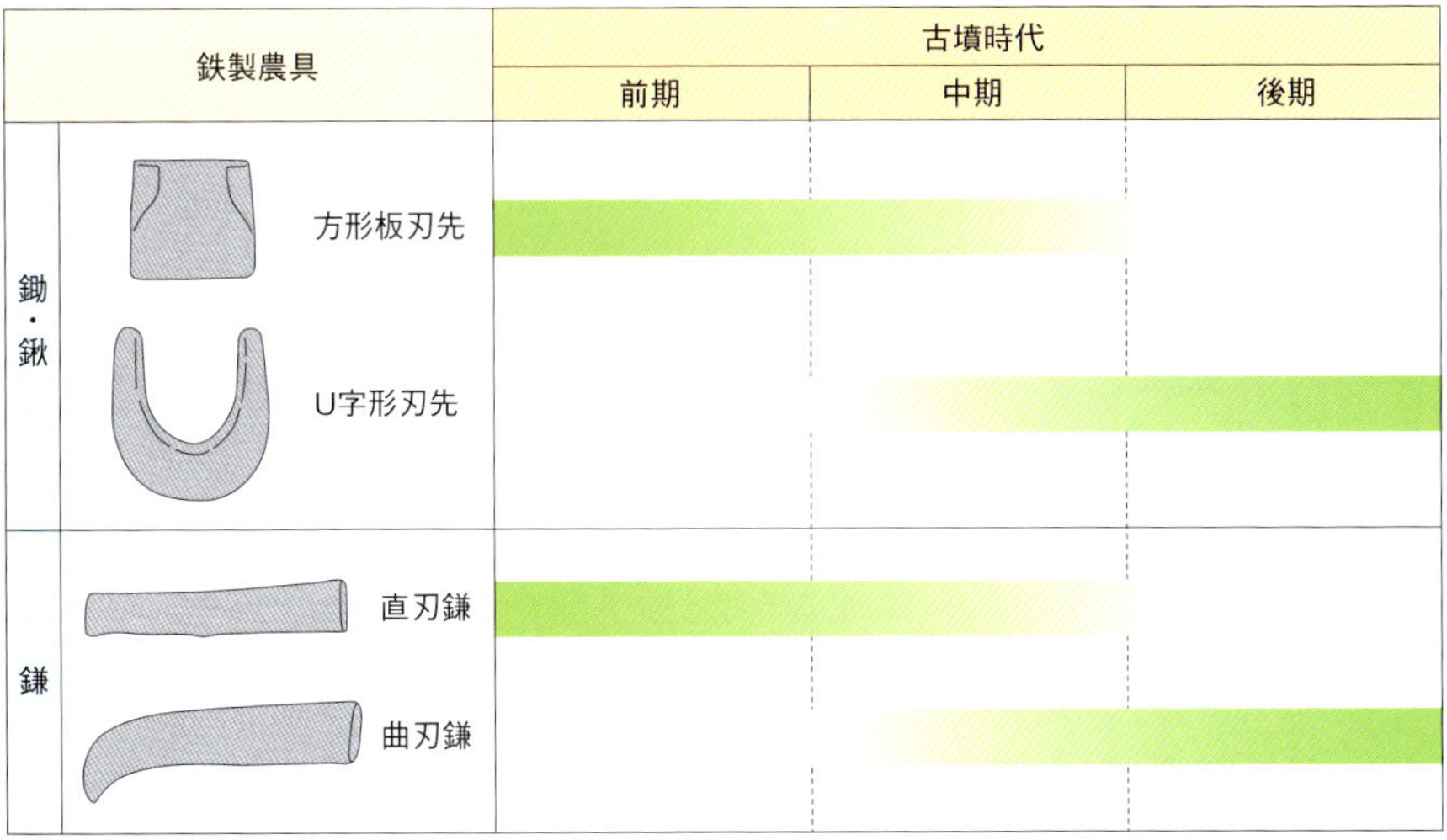

図21 ● 農具の移り変わり
古墳時代中期は農耕具の変遷上の一つの画期であった。
鋤（鍬）先や鎌などが新式のものにかわっていく。

れる形であるのに対して、新式のものは先端部が鳥のくちばし状に曲がった形をしていて曲刃鎌とよばれる。鋤（鍬）先が旧式の型式のものであったことを考えると、この鎌も旧式の直刃鎌であった可能性が高いと考えられる。

多数の高杯をともなった布留川北岸地域の川沿いのまつりに、ミニチュア農耕具が用いられていたことは、ここで農耕のまつりがおこなわれていたことを示しているのだろう。

ここから出土した滑石製模造品には、西日本では出土例の少ない剣形石製品が含まれていた。興味深いのは、この剣形石製品は中央にあけられた穴が貫通しておらず、全体の整形も不完全で、未完成の様相を呈していることである（**図19左**）。ここではまつりの道具に完成度は求められていなかったようだ。

川辺のまつり

以上のように、布留（アラケ）地区の埴輪を用いたまつりや布留（堂垣内）地区で明らかとなった石敷に多数の土器を据えて数千個にもおよぶ滑石製模造品を供えるようなまつりは、その規模などからみて、古墳時代中期前半の在来の首長の主催する共同体の川辺での農耕祭祀であった可能性が考えられる。また、多量の高杯群の出土した布留（アラケ）地区や豊井（宇久保）地区の様相は、まつりへの多数の人びとのかかわりを予測させるものであった。

2　布留川南岸地域のまつり

これまで、布留川北岸地域のまつりの様子を紹介してきたが、ここでは布留川南岸地域のまつりの様子をみていくこととしよう。

布留（西小路）地区の調査

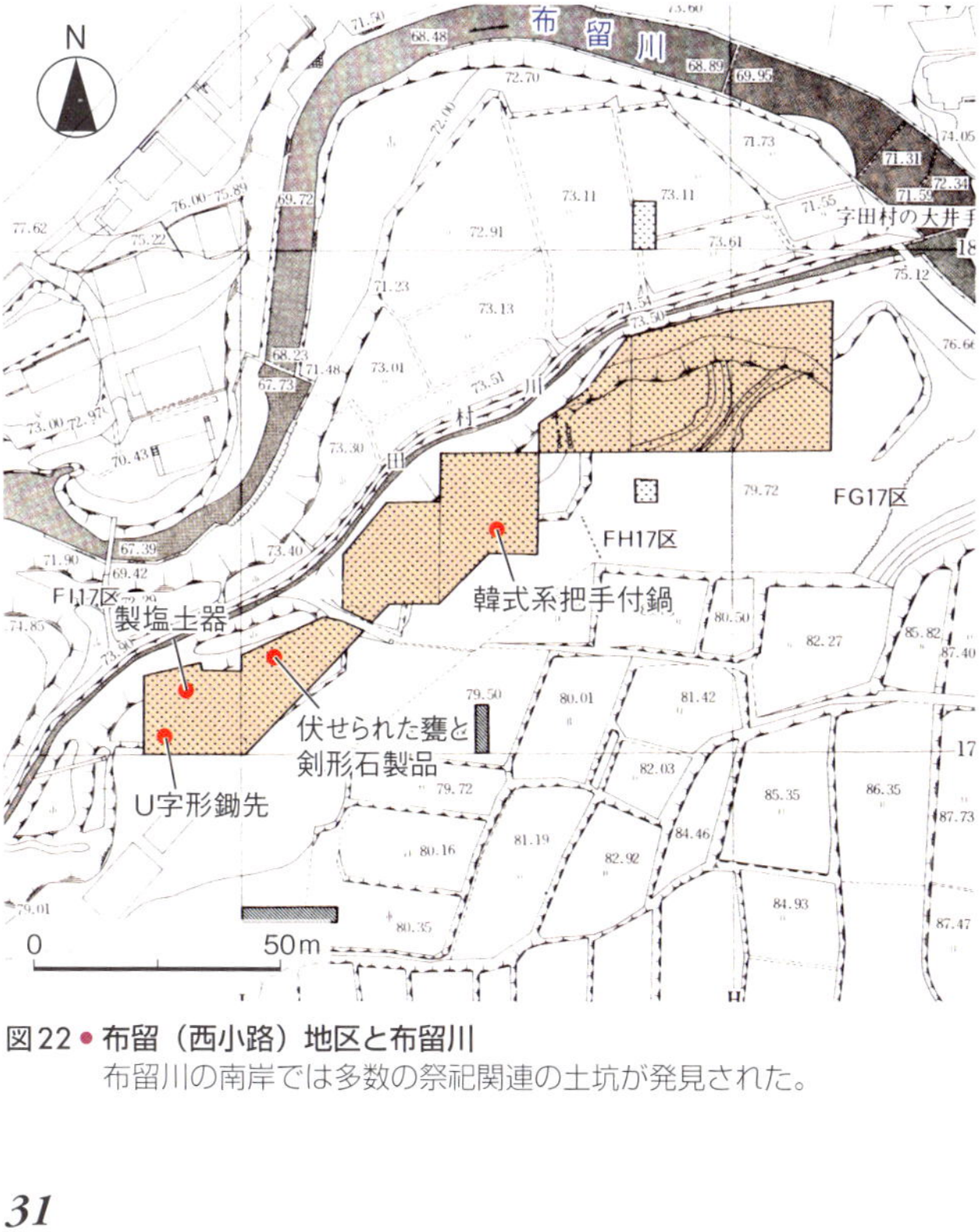

図22●布留（西小路）地区と布留川
布留川の南岸では多数の祭祀関連の土坑が発見された。

祭祀関連遺構の集中地域—布留（西小路）地区

布留（西小路）地区は布留川の南の岸に位置する（図22）。報告書によれば、古墳時代の遺構には柱穴・土坑・溝があり調査区の西半部に集中して発見されている。とくに輪郭の不明瞭な土坑が多数認められ、多くが五世紀の中頃から後半にかけての時期と考えられている。そのなかには土師器甕を据え置いた土坑のほか、臼玉や有孔円板などの石製品、製塩土器片や灰、炭を含む土坑があり、周囲でおこなわれたまつりにかかわる遺物が投棄されたものとみられており、布留川南岸地域での祭祀を考えるうえで重要である。具体的にその様子をみてみよう。

径約七〇センチ、深さ約二五センチの隅丸方形の土坑の底には天地を逆さまにして土師器の甕が置かれていた（図23右）。その横からは滑石製の剣形石製品（図23左）が出土している。土器を逆さまに据えるという通常とは異なった用い方に、何かを封じ込めるような意図がうかがえる。西日本では出土例の少ない剣形石製品がともなってる点も興味深い。

東西四・五メートル、南北二・四メートル、深さ六〇センチほどの楕円形の大型の土坑からはU字形をした鉄製の鋤先や完形に近

図23 ● 土坑に伏せられた甕（右）とその横から出土した剣形石製品（左）
径70 cm程の穴の底に土師器甕が伏せて置かれていた。何か封じ込めのような意味があるのだろうか。横からは剣形石製品（長さ5.0 cm）が出土している。剣形石製品の表面の研磨は十分ではなく、荒れた面を残している。

い土師器杯・高杯・ミニチュア壺、須恵器椀などのほか、滑石製の有孔円板が出土している（図24）。

U字形の鋤（鍬）先というのは、先述の豊井（宇久保）地区の「土器溜まり遺構」から出土した方形をした旧式のものと違って、刃先がU字形を呈するもので、その製作技術は古墳時代中期に朝鮮半島からもたらされている（図24上）。ここでは、新来の道具を用いた農耕のまつりの様子をうかがうことができる。

布留（西小路）地区は、このほかにも土坑内に土器を埋置したもの、炭や灰の広がりが認められるもの、石製模造品や製塩土器の出土するものなどがあり、祭祀関連の遺構が多く残された場所であったことがわかる。そのなかには本例のような

U字形鋤(鍬)先

図24 ● 土坑から出土した遺物
多数の土器や滑石製の有孔円板とともに、U字形鋤（鍬）先が出土しており、農耕のまつりとのかかわりをうかがわせている。

最先端のU字形の鉄製鋤（鍬）先が出土したものや、つぎにのべる韓式系の鍋をおさめたものもあり、祭祀に渡来人とのかかわりを推測させるようなものがあることは注目される。

直径六〇センチほどの土坑からは、韓式系土器が一点出土している（**図25**）。復元すると、ほぼ完形の把手のついた鍋となった。この土器の外面には韓式系土器に特徴的な格子目タタキが施されているほか、把手の上面にはヘラによる切り込みや、端部付近には刺突痕が認められた。祭祀に関連する土坑が多数みられる地区の土坑の一つから、韓式系の土器が出土していることは、まつりと渡来人とのかかわりを示すものとして興味深い。

図25 ● **韓式系把手付鍋**（上）**とその出土状況**（下）
出土した土器は復元すると、ほぼ完形の韓式系把手付鍋となった。外面には格子目のタタキが施されるほか、把手の上面には韓式系土器に特有の切り込みがみられる。

多くの製塩土器の出土

東西五・五メートル以上、南北四・六メートル、深さ約三〇センチほどの楕円形の大型の浅い土坑は、古墳時代後期の溝によって切られているため、全体の形状は明らかではない。この土坑の内部には灰と炭化物が厚く堆積していたが、底面や壁面には焼けた痕跡は認められなかった。ここからは各種の須恵器や土師器のほか、多量の製塩土器、滑石製の有孔円板や管玉、一〇〇点を超える臼玉、ガラス玉、土玉などが出土している（図26）。

製塩土器というのは海水を煮詰めて塩をつくるための土器で、布留遺跡出土の製塩土器は、高野政昭によって、その器形からつぎのV類に分

図26 ● 土坑から出土した遺物
土坑からは多量の製塩土器が各種の石製模造品やまつり用につくられたミニチュア土器とともに出土しており、その用途にまつりとのかかわりが推測されている。

類されている（図27）。

Ⅰ類：低い上げ底風の底部をもった鉢形を呈する。

Ⅱ類：全体が筒状を呈する小型の壺形で、底部は平底に近い丸底である。

Ⅲ類：椀形を呈し、口径に対して高さが低い。底部は丸底である。

Ⅳ類：頸部がくびれた甕ないし壺形の器形で、形態的には通常の土師器に似る。

Ⅴ類：厚手の粗製土器で、深い鉢か椀形になる。

土坑出土の製塩土器は、いずれも薄手で丸底形を呈するⅡ類に属するものであるが、そのなかでも内外面とも無文のⅡ–c類という型式のものが圧倒的に多く、ほかに外面にタタキを施すⅡ–b類のものなどがあり、大阪湾沿岸や備讃瀬戸などからもたらされたものとみられている。

このⅡ類のような器壁がきわめて薄く、筒形で丸底ぎみの小型品は、古墳時代中期にあらわれる製塩土器である。どのような背景でこの型式のものが成立し、広まっていくのかは今後、

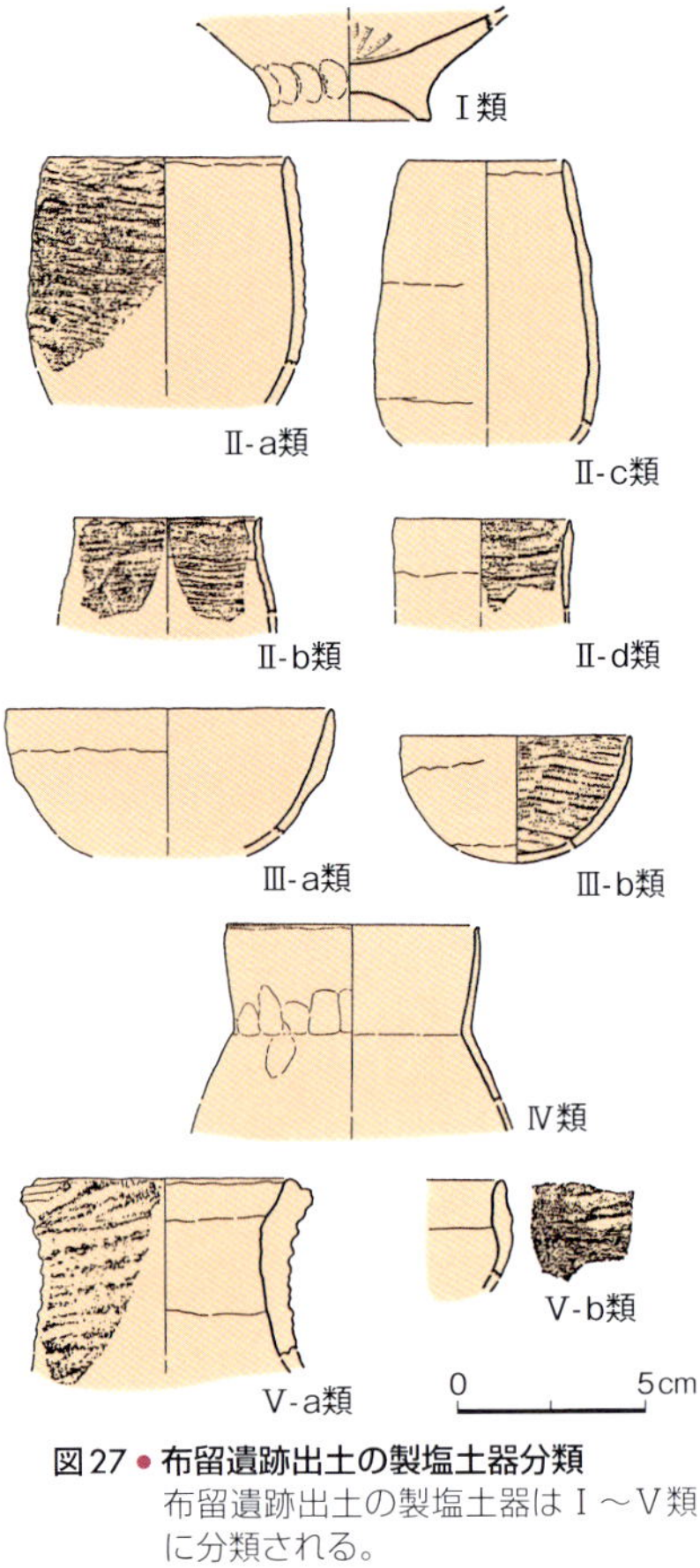

図27 ● 布留遺跡出土の製塩土器分類
布留遺跡出土の製塩土器はⅠ〜Ⅴ類に分類される。

検討していかなければならない問題であるが、布留遺跡出土の製塩土器の出土量は内陸部に所在する遺跡では突出しており、そのなかにあって、この土坑の出土量の多さは注目される。この土坑からは、各種の滑石製模造品のほか、まつり用のミニチュア土器も出土していることは製塩土器の性格を考えるうえで重要である。

他遺跡にも火を焚いた形跡がないにもかかわらず、多量の炭・灰が堆積した土坑があり、それらの土坑からまつりに使用されたとみられる滑石製模造品が出土している。このことから高野は、こうした土坑出土の遺物は、別の場所で祭祀をおこなった後に、一括投棄されたまつりの道具であったとみている。そして、製塩土器については「清めの塩」、「祓いの塩」など祭祀にかかわるものとする見解を示している。この製塩土器の出土状況は、まつりと製塩土器のかかわりを考えるうえで、一つの重要な視点を提供するものといえる。

以上のように、布留川南岸の布留（西小路）地区からは、古墳時代中期中葉から後半（五世紀中葉〜後半）を中心とする時期の大小さまざまな祭祀関連の土坑が発見されており、布留川の北岸地域とは様相を異にしたまつりの様子を知ることができる。そのなかには渡来人とのかかわりを示すものがあり、注目される。

布留川南岸地域でおこなわれた次代の首長のまつりについては第3章で触れよう。

第3章　物部連氏の台頭

第1章で五世紀後半の物部連氏の台頭について触れたが、これまでの調査でこの時期の布留の地に大きな政治的変動のあったことを示す集落の発展のあったことが明らかとなっている。場所は布留川南岸地域の杣之内（アゼクラ）地区や杣之内（樋ノ下・ドウドウ）地区である。ここからは豪族の居館跡とみられる石敷遺構や、その規模が全国でもトップクラスの倉庫とみられる大型掘立柱建物、大溝などが発見されている。

1　豪族居館

杣之内（アゼクラ）地区

一九七六年より実施された布留遺跡範囲確認調査により、杣之内（アゼクラ）地区で豪族の居館にかかわるとみられる石敷遺構が発見された（図28）。場所は布留川南岸沿いの石上神宮から西に四〇〇メートルほどの地点である。

調査は布留遺跡の範囲確認調査であったため、設定された調査区は幅五・五メートル、長さが一五メートルの東西に長い狭い範囲のものであった。調査区を掘り進んでいくと、その西半部で幅が一・三〜二・〇メートルで、東西の長さが八メートル以上におよぶ平面形がL字形の石敷遺構が発見された。この石敷は直径一五〜二〇センチほどの円礫を敷き並べたもので、基底部にはやや大きめの石が置かれていていた。また、この基底部の石列に直行するように一〜二メートルの間隔で仕切り石を置き、その間に円礫が充填されていた。この工法は古墳の葺石にみられるものであったため、当初、これは前方後方墳が削平され、墳丘裾の葺石が残されたものと考えられていた。しかし、古墳の葺

図28 ● 杣之内（アゼクラ）地区の豪族居館とみられる石敷遺構
居館の周囲を囲う石敷ではないかと推測されるL字形の石敷き。上部は削平されているとみられる。

石とするには、その傾斜角度が一八度と低く、また、近年の相つぐ石積みに囲まれた豪族の居館跡が発見されるにおよび、この石敷もまた、豪族の居館跡と考えられようになっている。この石敷の内側となる北から東にかけての範囲には二時期にわたる炉跡や掘立柱建物が確認されているが、これらは古墳時代後期のものであった。

子細に検討すると、石敷遺構は上縁の礫の並び方が不ぞろいであることや、石敷の上に転落した円礫の量などから、旧状が損なわれているものと判断された。その時期については、石敷直上から出土した土師器片などから古墳時代中期と考えられている。これまでのところ、この石敷にともなう建物跡などは確認されていないため、居館の具体的な姿は不明である。

2 巨大倉庫

杣之内（樋ノ下・ドウドウ）地区

杣之内（アゼクラ）地区の豪族の居館と考えられる石敷遺構より北西におよそ一〇〇メートルの杣之内（樋ノ下・ドウドウ）地区では大型の掘立柱建物群や溝1とよばれる大溝などが発見されており、杣之内（アゼクラ）地区とともに、この杣之内（樋ノ下・ドウドウ）地区は布留遺跡の中核となる場所であることが明らかとなった（図29・30）。調査は一次調査と二次調査の二回に分けておこなわれている。

ここでは古墳時代中期から後期にかけての掘立柱建物が二二棟確認されているが、建物の重複関係から三回の建て替えがあったことが判明している。もっとも建物が密集する掘立柱建物1〜6のあたりでは、少なくとも四回の建て替えがあったのではないかと報告されている。

並列する大型総柱建物

この掘立柱建物のなかでも、注目すべき建物が調査区の南端で発見された（建物1・2）。建物は棟筋を同じくするほぼ同規模のもので、南北に二棟並んでいた（図31）。これらは桁行が五間で長さが約九メートルあり、梁行は三間で長さは六・〇〜六・六メートルある総柱建物であった。総柱建物というのは建物の床を支えるための束柱《つかばしら》とよばれる短い柱が碁盤の目状に配されたもので、その構造からこの建物は大型の倉庫と推定されている。

図29 ● 杣之内（樋ノ下・ドウドウ）地区全景（北上空から）
調査区の中央を北東から南西に向けて大溝が伸びている。その北西には浅い溝2が並行して伸び、北東で屈曲して大溝に向かっているのがわかる。

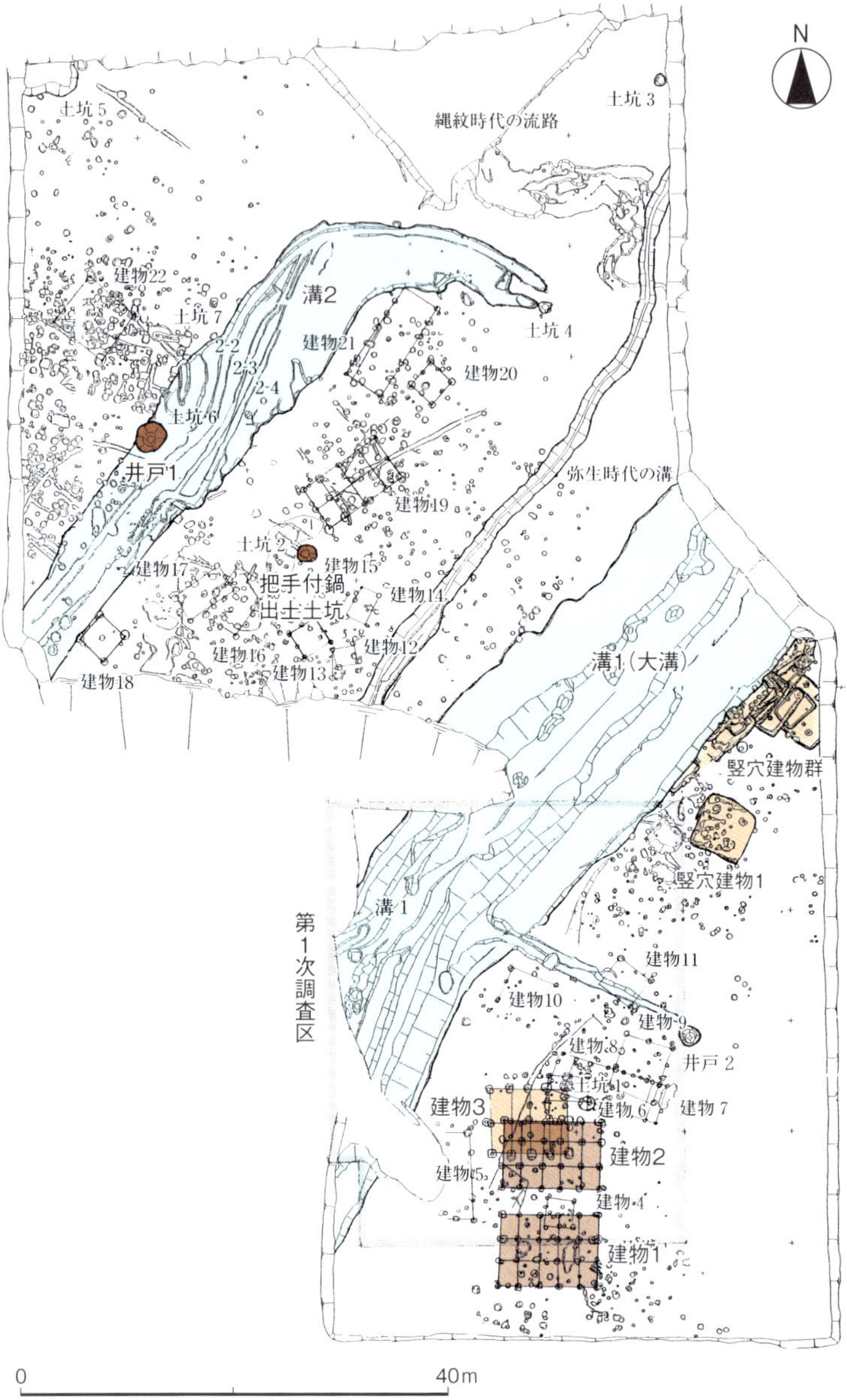

図30 ● 杣之内（樋ノ下・ドウドウ）地区遺構全体図

大溝の南東には大型倉庫とみられる建物1・2が南北に並ぶ。建物2には建物3が重複していて、建て替えが認められる。また、その北には竪穴建物群が集中して建てられている。

第1次調査時の建物1・2の完掘状況

図31 ● 大型倉庫平面図
2次調査によって、棟筋をそろえる5間×3間のほぼ同規模の総柱建物が南北に2棟並ぶことが明らかとなった。上の写真は、1次調査時の大型倉庫の完掘状況で、1次調査のときには、建物の全容が判明していなかったため、5間×5間の建物と考えられていた。

一次調査のときに、すでに発見されていたのだが、建物の南端部が調査区外であったため、当初は五間×五間の一棟の建物と考えられていた（**図31上**）。二次調査によってその全貌が明らかとなり、二棟の建物と考えられるようになった。これらは同時に建てられたものとみられており、建物1の柱穴から出土した土師器高杯（**図32上**）によって古墳時代中期末（五世紀末葉）の時期が考えられている。この高杯は、掘立柱の掘方とよばれる柱をすえるために掘られた穴に脚部を折りとって納められていた（図32下）。おそらく地鎮のために埋納されたのであろう。

ヤマト王権の倉庫と豪族の倉庫

この並列した大型掘立柱建物のうち建物2は、のちに方位を同じくする建物3に建て替えられている。建物3は二間（五・八メートル）×四間（七・〇メートル）のやはり総柱建物である。柱穴から出土した土器片から古墳時代後期前半の建物と考えられている。この段階には倉庫は一棟となり、面積も四一平方メートルほどで建物2とくらべると規模は一回り縮小している。

調査担当者の山内紀嗣は、発見された二棟の建物と、ほかの地域の五世紀の大型の総柱建物との比較をおこなっている（図33）。その最大のものは大阪市法円坂《ほうえんざか》遺跡のもので、一棟の面積が八八～九六平方メートルある桁行五間×梁行五間の建物が一六棟並んで発見されている。

図32 ● 掘立柱建物1の柱穴から出土した土師器高杯（上）**とその出土状況**（下）

柱を立てるために掘られた穴に、脚部を折り取った土師器高杯が納められていた。この土師器高杯により、建物1の年代が古墳時代中期末と判断された。

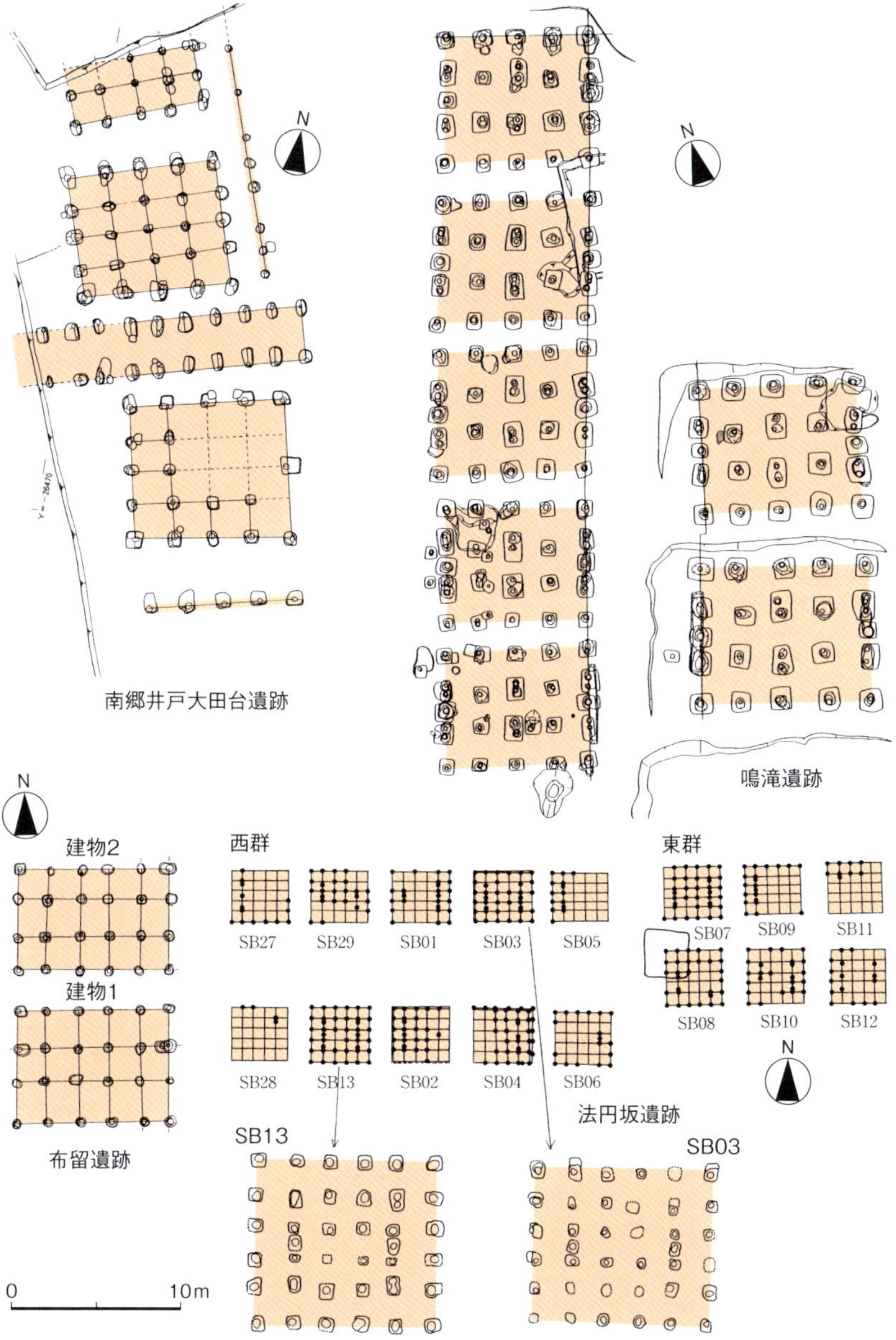

図33 ● 5世紀の総柱建物
全国の最大規模の総柱建物と比較しても、布留遺跡の建物がかなり大規模なものであることがわかる。

その規模などからこれらの倉庫群は、ヤマト王権との関係が考えられている。

和歌山市の鳴滝《なるたき》遺跡でも、やはり総柱建物が並んで発見されている。ここでは桁行四間、梁行四間のものが、東に二棟と西に五棟の二列に分かれて建てられている。西側の一群がやや小さく五八～六三平方メートルであるのに対して、東の二棟は六九平方メートル、八一平方メートルと大型である。これらの建物もヤマト王権に関連した倉庫群と考えられているが、布留遺跡の建物は西の一群の建物とほぼ同規模である。

奈良県御所市の南郷《なんごう》遺跡群の井戸大田台《いどおただ》遺跡では、三棟の総柱建物が一間×九間の細長い建物を挟んで発見されている。その規模は一辺が約九メートルあり、面積は八六平方メートルほどになるようだ。

このように、五世紀の大型倉庫とみられる建物をみてくると、法円坂遺跡や鳴滝遺跡のものは、ヤマト王権とのかかわりが考えられており、その総面積が群を抜いているのは当然のことであろう。

また、井戸大田台遺跡では、建物は三棟で、一棟の規模も布留遺跡のものを上回るものであるが、南郷遺跡群は葛城《かずらき》氏とのかかわりが考えられている遺跡である。葛城氏は『古事記』や『日本書紀』などによると、大王家と姻戚関係を結んで大きな勢力を誇った大豪族であったとされるが、南郷遺跡群で発見された祭祀場や祭殿、大型倉庫、生産関連の遺構など、その内容は、まさに葛城氏の勢力の大きさを如実に物語るものと理解される。

いま、あらためて布留遺跡の倉庫跡と考えられる建物の大きさについてみると、ヤマト王権やヤマト王権の中枢を担う大豪族にかかわる倉庫につぐ規模のものである。後述の大溝の掘削などの大土木工事を考えると、五世紀に台頭した物部連氏の勢力がいかに大きなものであったかを知ることができる。

物部連氏の奥津城、杣之内古墳群

このことは、彼らの奥津城である杣《そま》之《の》内《うち》古墳群の首長墓にもみることができる（図2参照）。古墳群には古墳時代中期末から後期前半に西乗鞍《のりくら》古墳、東乗鞍古墳、小墓《おばか》古墳などの前方後円墳が相前後して築かれている。

西乗鞍古墳の墳丘規模は全長一一八メートル、周囲には二重の周濠が確認され、外側の墳丘の南と東側を鍵形にめぐる濠までを含めるとその全長は一九〇メートルにも達する。この時期の古墳では大和でも最大規模のものである。西乗鞍古墳の埋葬施設は不明であるが、横穴式石室を主体部とする東乗鞍古墳では、石室内に九州から運ばれたとみられる阿蘇《あそ》溶結凝灰岩《ようけつぎょうかいがん》製の刳抜式《くりぬきしき》石棺がおさめられている。

こうした古墳からも、物部連氏の勢力の大きさのほどをうかがい知ることができる。さらに興味深いことは、古墳時代中期の前半には前方後円墳はみられず、首長墓は大型円墳（西天《てん》井山《じょうやま》古墳・東天井山古墳）であったのが、中期末に突然、西乗鞍古墳にはじまる前方後円墳が出現していることである。まさにこれは、新来の物部連氏の台頭と軌を一にしているのである。

3　物部連氏の武装

以上、物部連氏の台頭を遺跡からみてきた。ここでは、出土遺物からその性格についてみることとしよう。石上神宮がヤマト王権の武器庫としての性格を有していたことは、先にも述べたとおりだが、これを管理していた物部連氏が軍事氏族としての性格をもっていたこともさまざまに論じられている。布留遺跡からも、そうした軍事氏族としての物部連氏の実態を示すような資料が三島（里中）地区の調査で出土している。

全国最多の刀剣装具の出土―三島（里中）地区

三島（里中）地区は布留川の北岸地域に位置する。調査地点は、布留川より分流した流路が何時期にもわたって流れを変えて堆積した氾濫原であったため、検出された古墳時代の遺構は井戸のみであった。ほかには古墳時代と奈良時代の自然流路や近世の遺構が検出されただけである。

古墳時代の流路からは、古墳時代前期から後期にいたる土師器、須恵器、木器などが大量に出土しており、近辺に活発な人びとの営みがあったことがわかる。

出土した遺物のなかでも注目されるのは、多数の木製刀剣装具類である。こ

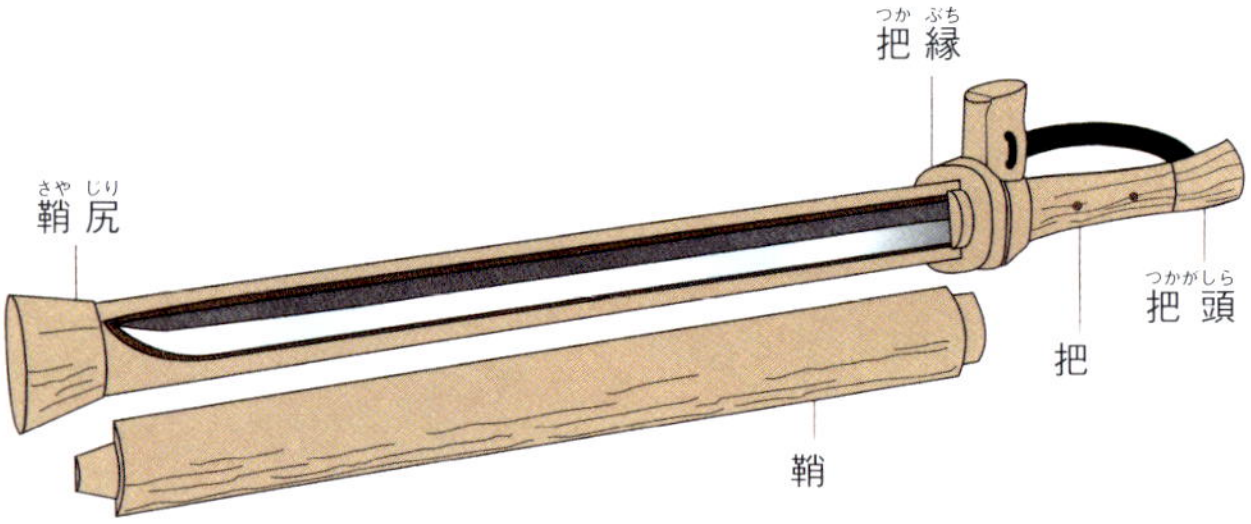

図34 ● 刀剣装具模式図

れは木でつくられた刀や剣の把《つか》とよばれる握りの部分や鞘《さや》およびその付属具などである。なかには鹿の角でつくられたものも含まれていた。多くが流路からの出土であるため、出土した層位からの時期の限定はむずかしいが、おおむね古墳時代中〜後期のものであると考えられている。

出土した把装具（**図36左**）は広葉樹材で、鹿角《ろっかく》製の把装具を模して木製としたもの（A類）や、把頭《つかがしら》を楔《くさび》形につくったもの（B類）、頭椎《かぶつち》式のもの（C類）、円頭式のもの（D類）など四種類がみられた（**図36右**）。A類はさらに把頭と把間《つかあい》、把縁《つかぶち》が別につくられて組み合わされるものと、一木から削りだしてつくられるものの二種がある。B類はいずれも一木づくりである。A・B類には黒漆塗りで呪術

図35 • **把出土状況**
この把の出土により、はじめて把の構造が明らかとなった。

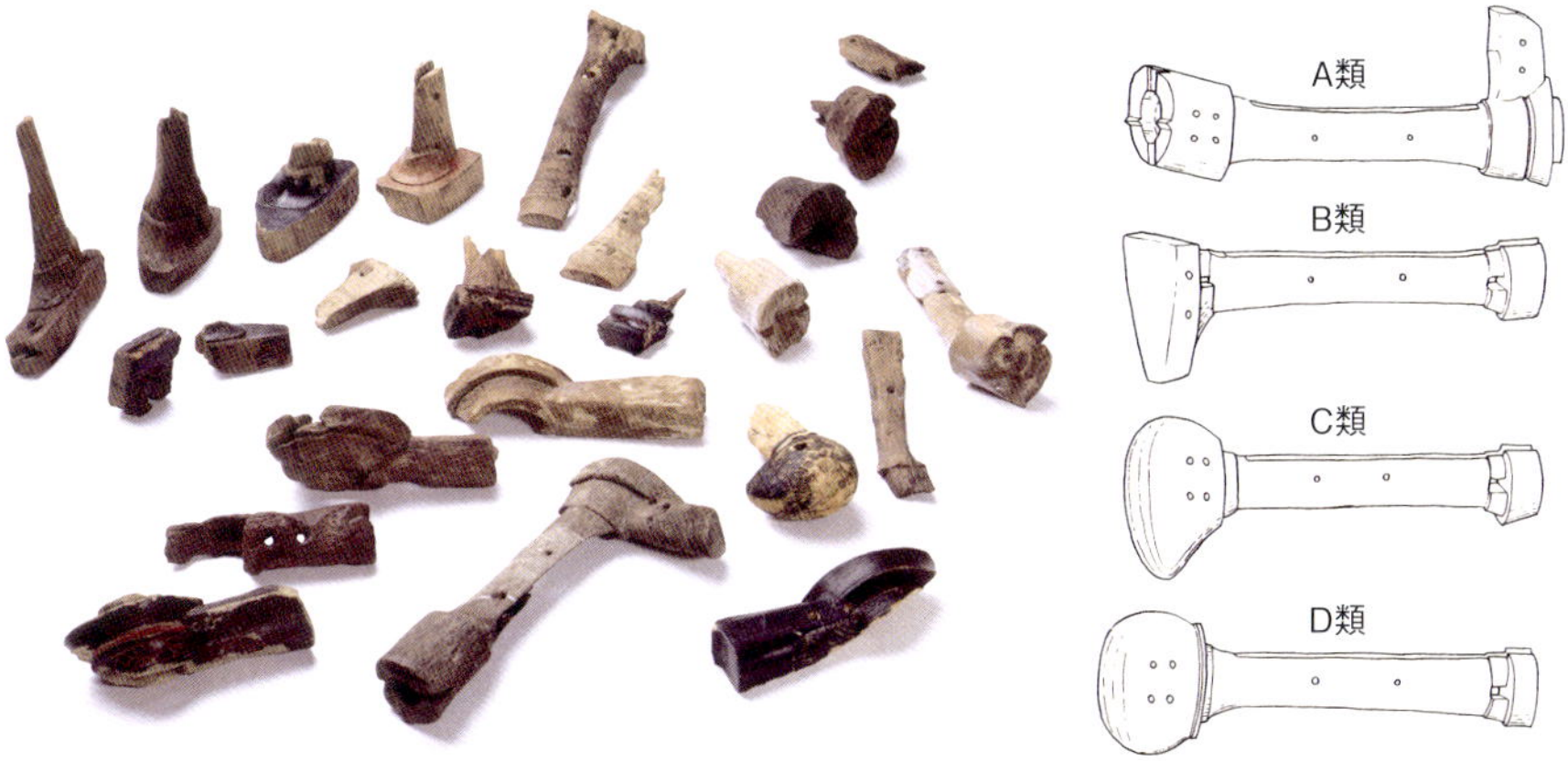

図36 • **出土した木製把**（左）**とその分類**（右）
出土した把頭には白木のもの、漆塗りのもの、一木造りのもの、組合式のものなどさまざまなものがみられ、4類に分類される。

的な文様である直弧文《ちょっこもん》を施したものや、そこに朱彩したものもある（図37）。この調査でA類の把がほぼ完全な形で出土（図35）したことにより、それまで不明であった古墳時代の把の構造が明らかになった。

鞘はいずれも針葉樹材で、両端にほぞをつくりだし、そこに別づくりの鞘口《さやぐち》、鞘尾《さやお》をはめたものや、この組み合式の鞘の形状を写して一木

図37 ● 漆塗り把縁
全体に黒漆が塗られ、朱で直弧文が描かれている。

図38 ● 木製鞘・鞘装具
鞘はいずれも針葉樹材の白木であるが、別づくりの鞘口や鞘尾には朱彩されたものや黒漆塗りのものがある。鞘口の未製品から、ここで刀剣がつくられていたことが明らかとなった。

でつくったものがある（図38）。別づくりの鞘口や鞘尾には朱彩されたものや黒漆塗りのものがあり、なかには直弧文を施したものもある。このほか、側面に直弧文とみられる文様が浮彫りされた鹿角製の鞘尾がある。

武器工房の存在

鞘装具で注目されるのは未成品の鞘口の存在である。これは刀や剣などの武器類が近辺でつくられていたことを示すものとして重要である。流路からは多量の鉄滓や砥石なども出土しており、付近に大がかりな武器工房があったことが推測される。

総数が六〇点を超える刀剣装具類の出土量は全国でも最多のもので、まさにこれらの資料は布留を拠点とする物部連氏の武人集団としての性格を特徴づけるものであろう。

4　「石上溝」の掘削

大土木工事──杣之内（樋ノ下・ドウドウ）地区

先述の大型倉庫の北西部では、調査区の中央を北東から南西に向けてのびる大溝（溝1）が発見されている（図30・39）。その規模は幅が約一五メートル、深さが約二メートルあり、調査区内で長さ七二メートルにわたって検出された。調査地は布留川が形成した東から西にのびる段丘上に位置するが、大溝はこれを横断していたので、自然の流路とは考えられず、人の手によって掘削された人工の溝と判断された。これだけの規模の溝を掘削するには、かなり大がかりな労働力の投入が必要であったであろうことは容易に想像がつく。

堆積層は大きく五層に分けられている。

(1)は最下層で、流路の底の窪みとなったところに砂礫が堆積し、須恵器・土師器などの土器とともにガラス玉の鋳型、馬歯・馬骨などが出土し、五世紀後半頃の時期が考えられている。

(2)は流路の底近くの堆積で、五〜七世紀の土器が出土したほか、鉄滓・鞴羽口《ふいごはぐち》、臼

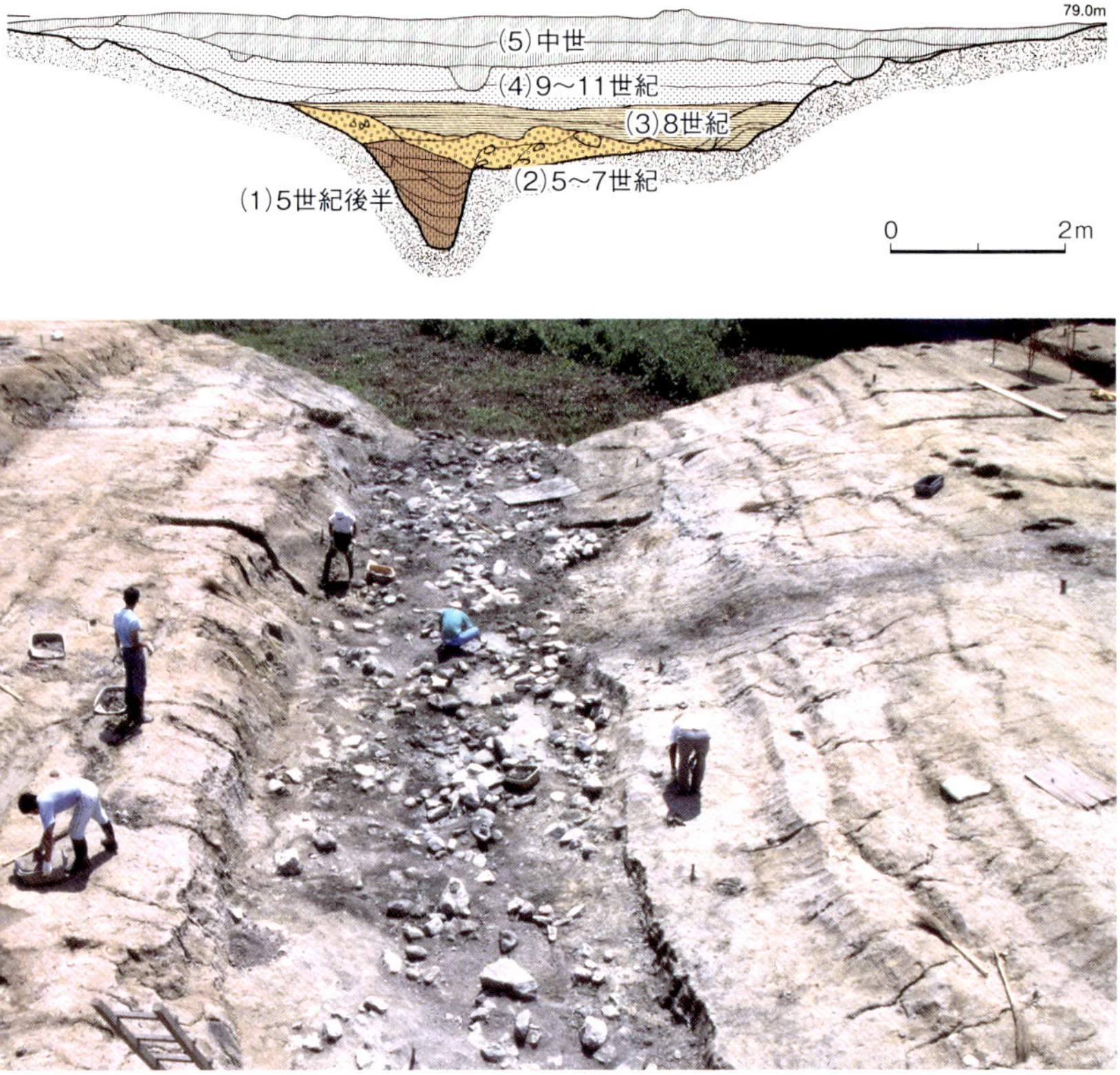

図39 ● 大溝の調査とその断面図(上)
調査中の人と比較しても、大溝がいかに規模の大きなものであったかが実感できる。

玉、瓦片などがみられた。

（3）は奈良時代で、粘質土が堆積していたことから溝の流れは停滞していたとみられている。土師器・須恵器などのほかに土馬、銭貨、馬歯・馬骨などが出土している。土器には墨書されたものや三彩陶器、ミニチュア土器などがある。

（4）は平安時代の堆積であるが、遺物は非常に少なく、黒色土器、土師器などが少量出土した。

（5）は大溝をおおうように堆積した一二〜一三世紀頃の層で、この段階には大溝はわずかな窪みとなっていただけとみられている。

この大溝の掘削は、布留川から引水することを目的として五世紀におこなわれたもので、その規模から判断して、これは大土木事業であったとみられる。こうしたことから、この大溝は第1章で触れたように、『日本書紀』履中天皇四年条に記された「石上溝」ではないかと考えられている。

なお、最下層から出土した多数の馬歯や馬骨がすべて古墳時代のものとは断定はできないが、このほ

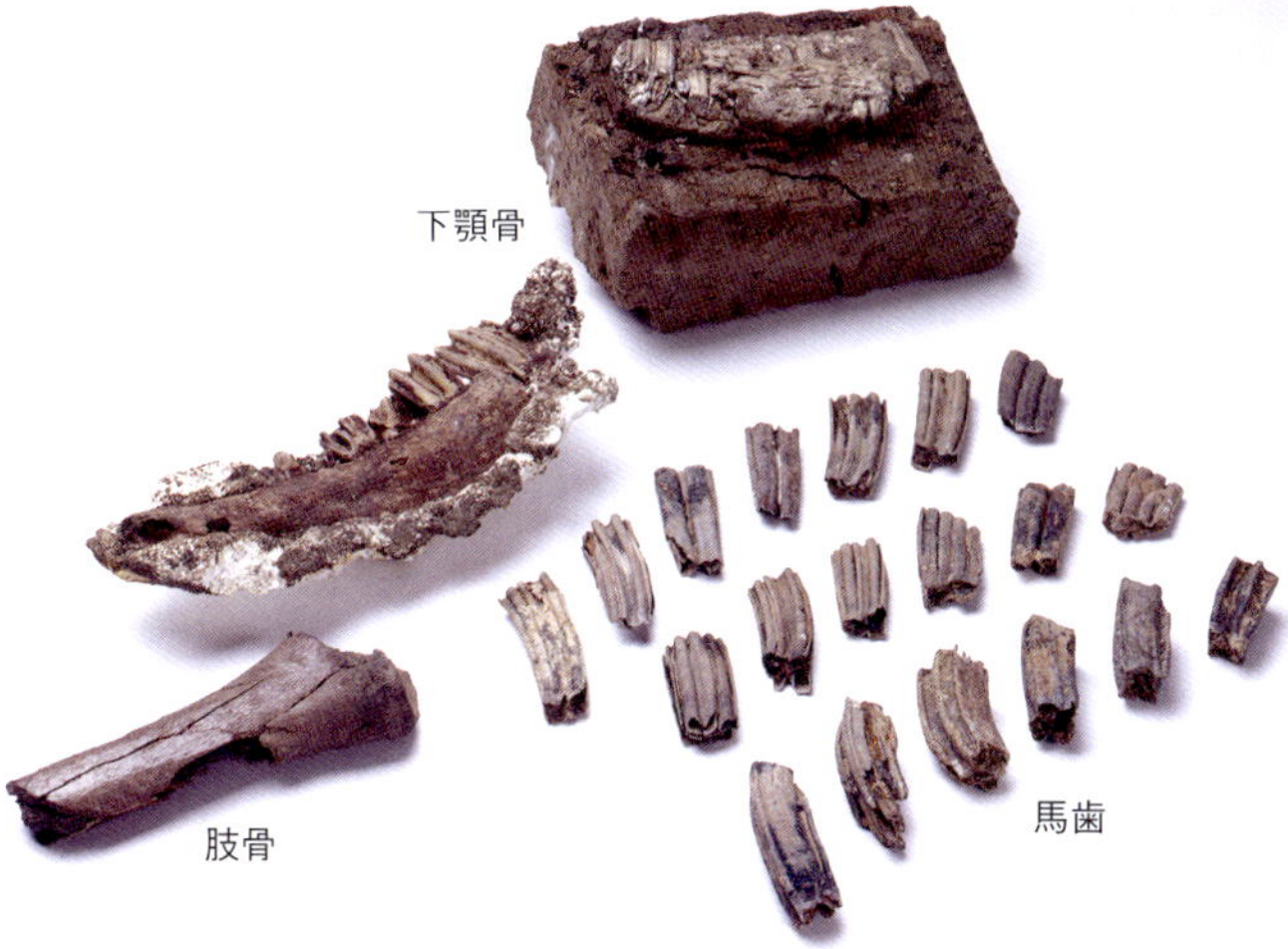

図40● 馬歯と下顎骨、肢骨
布留川の南北両地域の流路（三島〈里中〉地区）や大溝（杣之内〈樋ノ下・ドウドウ〉地区）からは多数の馬歯が出土している。

かにも馬歯や馬骨は、布留川北部の三島（里中）地区の古墳時代の流路などからも多く出土しており（図40）、布留遺跡全体ではその数は数百点に達する。

このことから布留では多数の馬が飼育されていたことがわかる。鈴木健夫によれば、布留の馬の多くは体高一一〇〜一二〇センチのトカラ馬よりもやや大きい「モウコノウマの中型馬」であったようだ。

もう一つの溝

大溝の北西側には、並行するもう一つの大きな溝2が掘られている（図29・30）。溝は幅が最大で約一〇メートルあり、南西から北東に約四五メートルのびて、大溝のほうに向かって東に大きく屈曲しているが、途中で途切れている。深さは深い部分でも六〇センチほどと非常に浅く、上部がかなり削平されていて、もとは大溝につながっていたものとみられている。埋土は上層に茶褐色土が、下層には暗褐色土が堆積していて、その状況から水が常時流れるようなものではなかったとされている。

溝の北辺からは祭祀に用いられたとみられる須恵器器台と土師器器台が各一点ずつ出土しているほか、焼土に混じって馬歯・馬骨、鞴羽口、小鉄片、塼《せん》、そして、滑石製紡錘車《ぼうすいしゃ》二点・有孔円板一点、土製紡錘車二点が六世紀前半から七世紀の土器類とともに出土している（図42）。

布留川南岸地域の開発過程

以上のように、古墳時代中期に布留川南岸地域の杣之内（樋ノ下・ドウドウ）地区で、物部連氏の台頭とかかわる集落の大きな発展があったことがわかる。この発展の状況について、調査者の山内は、次のように推測している。

布留川南岸地域の開発は、大型倉庫と考えられる建物１・２を契機にはじまり、同時に大溝も掘削される。掘立柱建物１の時期は古墳時代中期末とされる。その後、建物１・２がなくなり、古墳時代後期前半には掘立柱建物３が建てられた。溝２の掘削も古墳時代後期初頭とされ、中葉まで存続していたと考えられている。その際、大溝と溝２によって画された方形の区画に小型の掘立柱建物が順次建てられていった。

古墳時代中期末～後期のまつりの場

大溝からは、首長のまつりにかかわる重要な資料が出土している。非常に大きな須恵器の大甕である。大甕は大溝の底から破片となってばらばらに出土したものであるが、復元すると高さが九〇センチを超える非常に大きな甕（**図41右**）となった。これは日常に使用する水瓶ではない。和歌山県の大日山《だいにちやま》三五号墳などの前方後円墳の造出しでは首長の祭祀を再現した形象埴輪の一群が須恵器の大型甕をともなって出土している。須恵器の大型甕は首長のまつりの重要な祭具であった。

この甕はほぼ完形に復元されたことから考えると、近辺でおこなわれた祭祀に用いられたものが、その後、大溝に落ち込んだものと推測される。まつりの場所は明らかではないが、布留川北岸の川辺のまつりとは違って、布留川南岸では首長の居館が建てられ、大溝が掘削され、その一角に独立した祭場が設けられたのだろう。大溝から出土した精巧なつくりの滑石製の子持勾玉（図41左）は、そのまつりで使用されたものであったのだろうか。

大溝が掘削された後、溝2が掘削されるのだが、ここからは滑石製の紡錘車や有孔円板、土製紡錘車、ミニチュアの土師器壺、須恵器器台、特殊な形状の土師器器台（図43）などが出土している。なかでも土師器器台は特殊なものとして注目される。この器台は胎土やつくりが埴輪に似ており、その器形も類例の少ないめずら

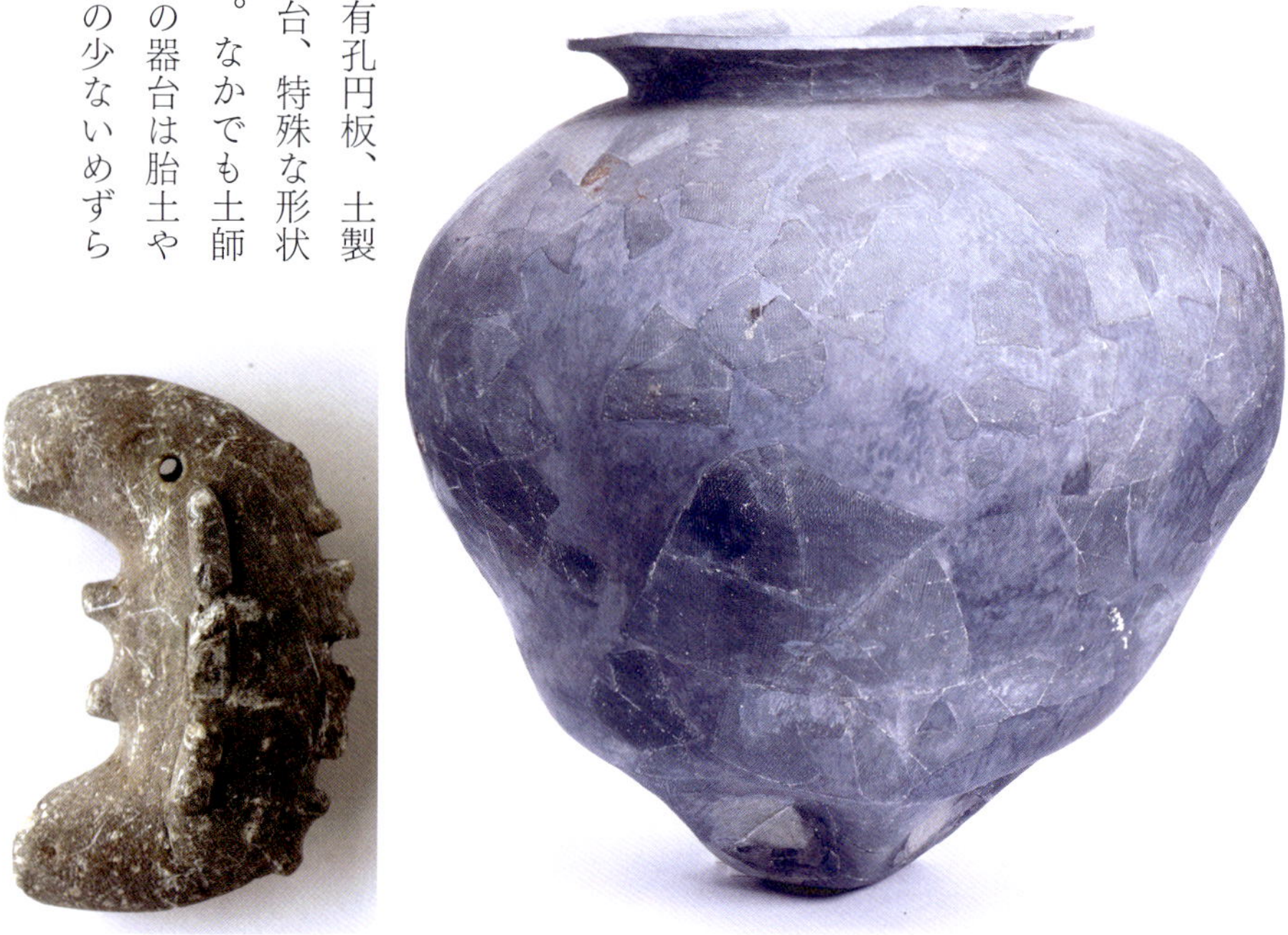

図41 ● 大溝出土の須恵器大甕（右）**と子持勾玉**（左）

須恵器大甕は大溝の底から破片となって出土したが、復元すると高さ90 cmを超える大きなものとなった。共同体のまつりに使用されたものとみられる。子持勾玉は、精巧なつくりで、大溝の近辺でこの子持勾玉を使ったまつりがおこなわれたのだろう。勾玉の長さ8.9 cm。

しいもので、まさにまつりの道具としてつくられた特別な器台と考えられる。

こうした祭祀遺物が出土していることから、山内は大溝と溝2によって囲まれた一画は、古墳時代後期（六世紀）の首長のまつりに関係した場所ではなかったかと推測している。

第2章で述べた布留（西小路）地区の土坑群は、その状況からみて、おそらく首長に従属する下位の集団のまつりにかかわるものであったとみられる。その中には渡来人とのかかわりを示すものがあり、興味深い。

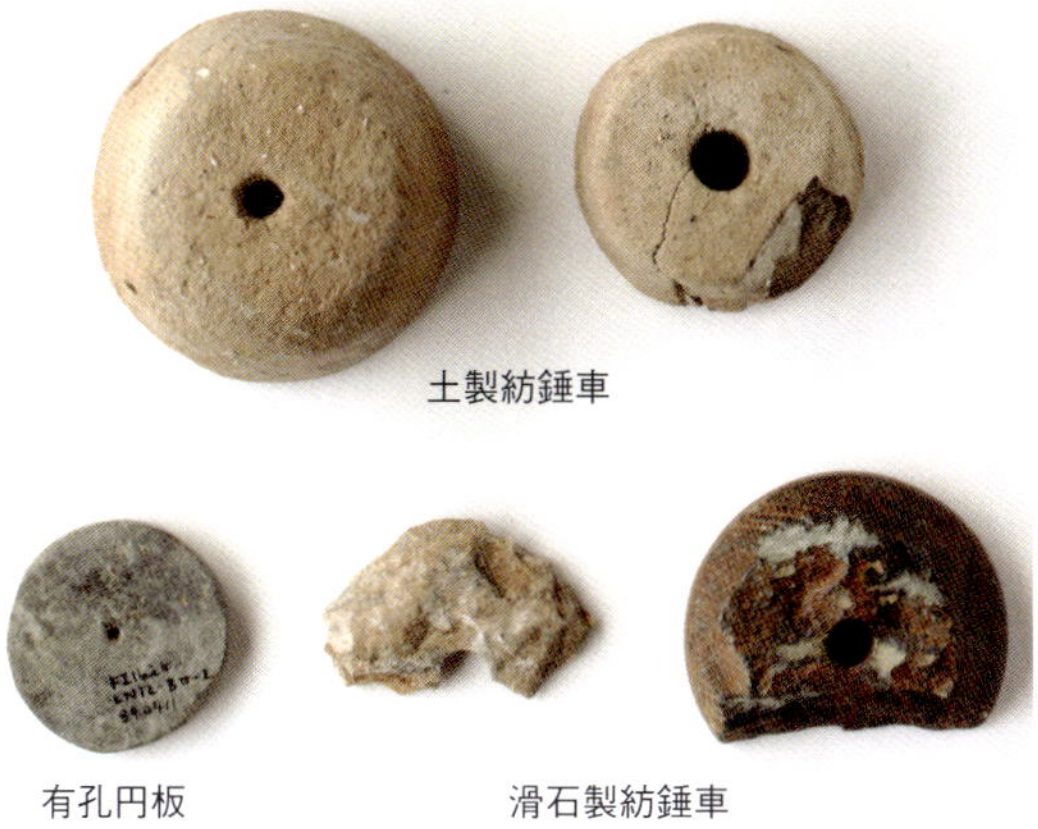

図42 ● 溝2出土の滑石製紡錘車・有孔円板、土製紡錘車
大溝の掘削された後に掘られた溝であるが、ここからも滑石製模造品などのまつりの道具が出土している。左上の直径4.5 cm。

図43 ● 溝2出土の土師器器台
胎土やつくりが円筒埴輪をおもわせるような特殊な土師器の器台である。まさに、まつりのためにつくられたものといえる。器高28.6 cm。

第4章　布留の生産体制

1　工房に関連する竪穴建物群

玉作りや鍛冶の工房

杣之内（樋ノ下・ドウドウ）地区では、大溝の北西部と南東部に多くの掘立柱建物が建てられていた。興味深いことに、この南東部の大溝に近接したところで一六棟もの方形の竪穴建物群がかなり密集して発見された（図30・44）。判明しているものでは多くが一辺五メートル前後の規模のものであった。遺存状況が悪く、遺物の量も少なかったが、ここからは鍛冶や玉作りなどにかかわる遺物が出土している。

竪穴建物13からはガラス製の勾玉や滑石製臼玉二一点、玉作りの原石とみられる凝灰質砂岩（図45）のほか、鉄滓が出土していることが報告されている。ガラス製の勾玉（図45①）は鬆《す》の入った明らかな失敗品で、ここで製作されたことを示している。玉の原石となる砂岩は、付近の豊田山に産するもので、天理砂岩とも称されている。竪穴建物11からも、この天理砂岩の原石と臼玉の未製品（図45②）が出土している。

また、竪穴建物14からは鉄鉗《かなはし》（図45③）が出土している。鉄鉗が集落から出土するのは、大変めずらしい。このほかにも鉄滓や鞴羽口片を出土する建物もあり、これらの建物群が鉄器や

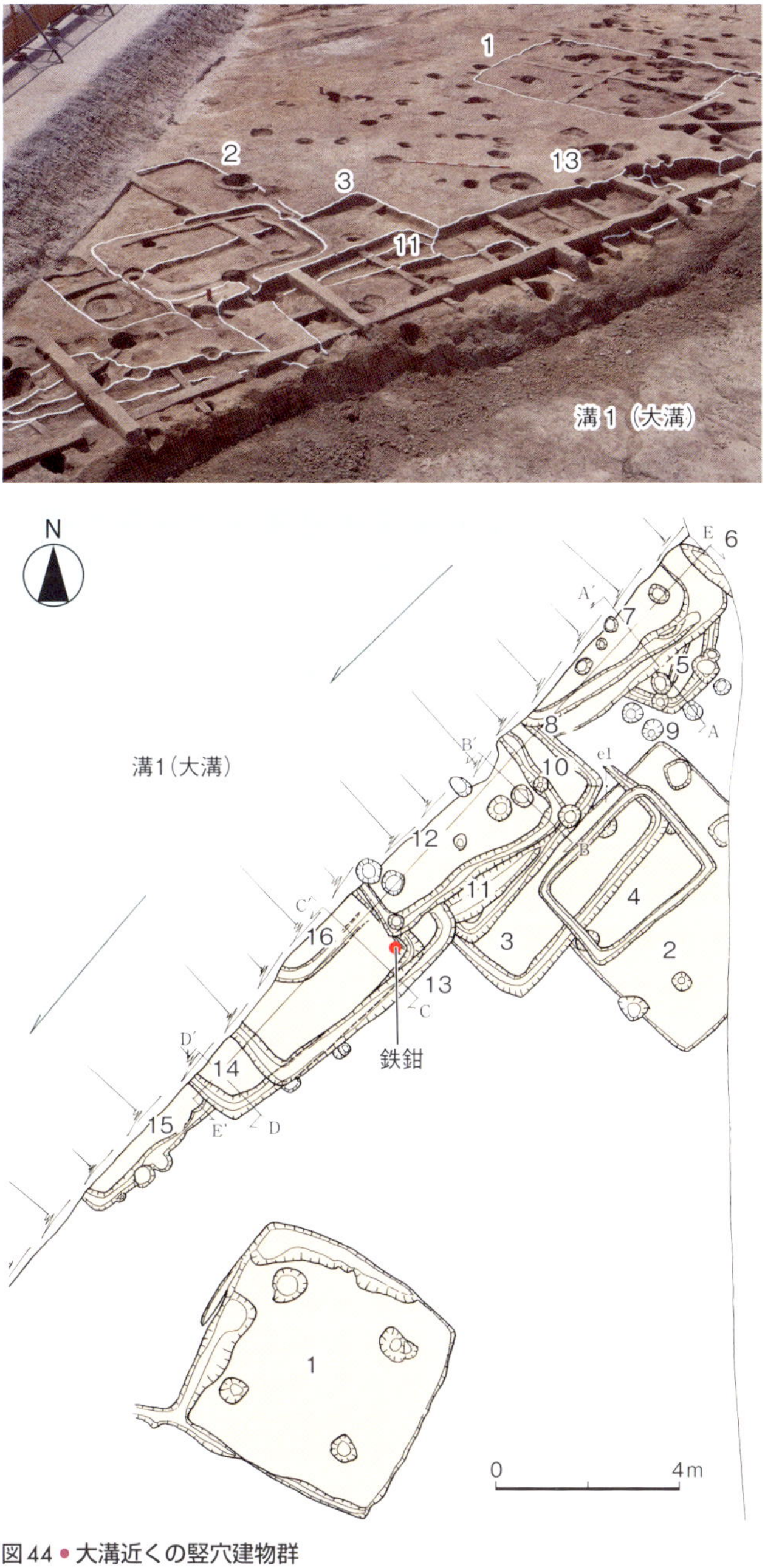

図44 ● 大溝近くの竪穴建物群
限られた範囲に16棟もの竪穴建物が密集して発見され、異常な重複関係を示す。頻繁な建て替えには何か特別な理由があったのだろうか。

ガラス製品、玉作りに関係する建物であったことがわかる。また、近接する大溝からも多数の鉄滓や砥石のほか、後に述べるガラス小玉の鋳型などが出土していて、付近で活発な生産活動がおこなわれていたことを示している。

工房か住居か

しかしながら、これらの建物群が工房であったのか、あるいは工人の住居であったのかは、建物の建て替えが頻繁におこなわれていて、その遺存状況が悪いためによくわからない。これらの建物からは、炉跡がみつかっていないのである。

当初の報告では、工房跡の可能性が高いことが示されていたが、その後の報告では工人の住居あるいは倉庫のような性格が考えられている。その性格は確定できないが、いずれにしても、

①竪穴建物13出土ガラス製勾玉

②竪穴建物11出土の砂岩製臼玉・原石

③竪穴建物14出土の鉄鉗と竪穴建物13出土の砂岩の原石・滑石製臼玉・ガラス製勾玉

図45 ● 竪穴建物群出土遺物

①は表面に鬆の入った明らかな失敗品で、ここでガラスの勾玉もつくられていたことがわかる。②の臼玉の未製品とその原石によって、豊田山で産出する天理砂岩を利用した玉作りがはじめて確認された。

これらの建物群は生産にかかわるものであったことは確かである。

その切り合い関係をみると数度の建て替えを確認できるものがあり、一般の集落ではみられないような特異な密集の状況を示しているが、同時に存在した建物は少なかったようである。その頻繁な建て替えの背景には、これらの建物がまつりに使う特別な道具の生産にかかわるもので、重要なまつりのたびに建て替えられたというような、何か特別な要因があったのであろう。出土遺物が少なかったため、年代の判明する建物は多くなかったが、竪穴建物群は、おおむね古墳時代後期前半から中葉にかけ存続したものとみられている。

さて、ここで竪穴建物群から出土した臼玉の原石となった天理砂岩について、少しくわしくみてみよう。この石材は、明日香村の酒船石《さかふねいし》遺跡などでも発見されていて、その名称を耳にされた方も多いと思う。

2　天理砂岩

酒船石遺跡に運ばれた天理砂岩

酒船石遺跡は伝飛鳥板蓋宮《あすかいたぶきのみや》跡の東方から飛鳥寺に向かってのびる丘陵上に位置する。この丘陵上には有名な酒船石があり、一九九二年には丘陵の中腹で切石を積んだ石垣が発見され、明日香村教育委員会によって調査がおこなわれている（図46）。石積みは飛鳥石とよばれる付近でとれる石材を基礎にして、その上に天理砂岩の切石が一メートル以上にわたって積まれていた。その後の調査で石垣は丘陵の中腹を数段にめぐらされていることが判明している。

この石垣は『日本書紀』斉明天皇二年条にある「舟二百隻を以て、石上山の石を載《つ》みて、流の順《まま》に控引《ひ》き、宮の東の山に石を累《かさ》ねて垣とす」と記された石垣ではないかと考えられ、両槻宮《ふたつきのみや》の可能性が指摘されている。斉明天皇はこの年に後岡本宮《のちのおかもとのみや》に宮を移しているが、伝板蓋宮跡で重複して発見されている遺構の一つが、後岡本宮と考えられており、酒船石遺跡の丘陵は、まさに後岡本宮の東にあたる。

天皇祭祀に使われたか

また、一九九九〜二〇〇〇年には丘陵の北の谷地形から亀形石造物、小判形石造物や湧水施設、石段・石垣などが発見されている（図47）。これは湧水施設から小判形石造物、亀形石造物、石組み溝へと水を流す仕組みで、その両側には石敷の広場が広がり、さらにその外側には階段状の石垣がつくられていて、相原嘉之はこれら一連の施設を「天皇祭祀」の場とみている。遺跡はＩ期（七世紀中葉）の斉明朝以後、幾度かの改修がおこなわれているため、Ｉ期の遺構の詳細は不明な部分が多いが、各所に天理砂岩が使用

図46●酒船石遺跡の砂岩の石積み
はるばる天理から飛鳥へ運ばれた天理砂岩の石積み。

されていたようである。

七世紀後半に改修された湧水施設とよばれる施設では、東西一・八メートル、南北二・四メートル、高さ一・三メートルのコの字形に天理砂岩の切石を一一段に積み上げ、底には天理砂岩が敷き詰められていた。さらに、そのコの字形の内部には一・三メートル四方を天理砂岩の切石で囲んで積み上げた取水塔がつくられている（図48）。この湧水施設の石積みは当初、六段の低いもので、亀形石造物や小判形石造物も、もとは低い位置に据えられていたとみられているが、当初から主要な箇所には、やはり天理砂岩が使用されていた。

以上のように、酒船石遺跡は『日本書紀』にある斉明天皇の宮の東の石垣の造営記事に符合するものであり、丘陵の北で発見された導水施設、亀形石造物、小判形石造物などの一連の施設は王権の祭儀にかかわるものとされた。そのなかで湧水施設のような中心施設をはじめとする各所に天理砂岩の切石が利用されてい

図47 ● 酒船石遺跡に利用された天理砂岩（茶味を帯びた石列）
酒船石遺跡の階段状の石垣の各所に天理砂岩が使用されている。

ることは、この天理砂岩に特別な意味があったことを示すものとして注目される。

この天理砂岩は前にも記したように、天理市北部の豊田山がその産地として指摘されている。斉明朝には、豊田山から多量の天理砂岩が切り出され、明日香の地に運ばれたのであるが、それが大事業であったことは想像に難くない。そこには布留の集団が深くかかわっていたことはいうまでもないことであるが、なかでも杣之内古墳群にある峯塚《みねづか》古墳の被葬者は重要な役割をはたしていたとみられるのである。このことについては、第5章の峯塚古墳の項でくわしく述べる。

玉作りにも利用された天理砂岩

杣之内（樋ノ下・ドウドウ）地区の竪穴建物群から発見された天理砂岩の臼玉未製品やその原石は、その利用が酒船石遺跡より一世紀以上も早くおこなわれていたことを示すものとして注目される。

今後は、この天理砂岩製の玉がどのような分布範囲を示すのか、またつぎに述べる滑石製の臼玉と砂岩の臼玉にどのような違いがあったのかなどを明らかにしていくことが重要である。

図48 ● 酒船石遺跡の湧水施設
酒船石遺跡の心臓部ともいえる湧水施設は、天理砂岩の切石を積み上げてつくられていた。

3　玉作り

布留のまつりを支えた玉生産

布留遺跡の玉作りは、すでに一九三八年の調査時に指摘されていたが、その後の調査や表採資料などによって、その実態が少しずつ明らかとなってきた。

古墳時代中期には滑石製模造品を用いたまつりが全国的に広くおこなわれた。この時期には橿原市の曽我《そが》遺跡で、数十万点におよぶ玉の未製品が出土している。この遺跡はその規模からヤマト王権の直接的かかわりがあった玉作り遺跡とされる。ここから各地に玉類が運び出されたものと考えられるが、布留遺跡では、滑石や碧玉製の玉などの祭祀具も集落内で、みずから生産していたのである。

碧玉と滑石の玉

布留川北岸地域の三島（堂ノ東・堂ノ西）地区では、つくりかけの多数の玉類が採集されている（図49）。その一つに碧玉とよばれる北陸地方や山陰地方などで産出する深緑色をした石材でつくられた管玉の未製品がある。石材にはこのほか色調が灰青色を呈する硬質の石材が用いられている。この資料を子細に調べた置田雅昭によって、製作工程が明らかにされている。その製作工程には荒割り、形割り、側面調整、荒研磨、穿孔などがあり、大きな原石を荒割りして、形を整えながら糸を通すための孔を開けて、仕上げの研磨を施していく各過程があることが明らかとなった。

また、和歌山県などから運ばれた緑泥石・滑石（滑石類）とよばれる石材でつくられた玉類も確認されている。この石材（本書では滑石とよんでいる）は軟質で加工が容易であるために、玉の大量生産に向いている。玉の未製品には有孔円板、管玉、臼玉がある。

管玉の未製品は形割りの後に、糸通しの孔を開けるために端面を研磨した段階のものや、側面を荒研磨したもの、そして穿孔途中で破損したものなどが多数採集されている。

臼玉の未製品もかなりの数にのぼる。形割りした後に穿孔しようとして割れてしまった例が多くみられる。穿孔が終わったのちに、研磨がおこなわれている。

有孔円板は三点が確認されているだけであるが、それには荒割りして直ちに穿孔しようとしたものや、仕上げ前の多角形をしたままのものなどが確認されている。

これまでの調査で三島（堂ノ東・堂ノ西）地区以外

図49 ● 採集された玉未製品
玉未製品には碧玉製の管玉と滑石製の管玉や有孔円板、臼玉などがある。

にも布留川北岸地域では、先述の布留（堂垣内）地区、三島（里中）地区や南岸地域の布留（西小路）地区の少し南に離れた地点などから碧玉の未製品が数点ずつ出土している。年代のわかるものは古墳時代中期から後期にかけてのものとされる。滑石については三島（堂ノ東・堂ノ西）地区ほど多数の未製品が発見されているところはないが、三島（里中）地区では勾玉や臼玉の未製品が確認されている。

三島（堂ノ東・堂ノ西）地区の未製品は採集品であるため、年代の特定はできないが、一緒に採集された須恵器壺が古墳時代中期後半とされ、玉生産のおこなわれた年代の一点を示すものとしてとらえられている。

ガラス玉

このほか、玉作りに関しては、大溝などから出土したガラス製小玉の鋳型がある（図50）。この鋳型は、表面にまるで蜂の巣のような円形の穴が多数あいた土製品である。その断面をみると丸い穴の底には裏側に貫通する針で突き刺したような孔が開けられており、穴の底にはピンのようなものが立てられていたようである。

これはビーズ玉のようなガラス製の小玉を作るときに用いられた鋳型である。一見すると、たこ焼き器のようにもみえるの

図50 ● たこ焼き型鋳型
ガラス製の小玉を作るときに用いられた鋳型。
一見すると、たこ焼き器のようにもみえるので
「たこ焼き型鋳型」ともよばれる。

で「たこ焼き型鋳型」ともよばれる。その復元された製作方法は、鋳型にあけられた多数の穴の中央にピンを立て、そこにガラス片を砕いて入れて鋳型を熱する。そうすると、まさにたこ焼きを焼くように、ガラス片が溶けて丸いガラスの小玉ができるわけである。そして、ピンを外すと中央に糸を通すための孔のあいたガラス小玉が完成する。

本例は破片であるため、その全容はわからないが、千葉県の川戸下《かわどした》遺跡の出土例では、一度に七〇〇個以上のガラス玉をつくることができたのを酒巻忠史が明らかにしている。それまでの金属棒などに溶けたガラスを巻きつけたり、ガラスの管を輪切りにして一つずつ小玉をつくったりする方法から考えると、技術に大きな革新のあったことがわかる。

この製作技法は、朝鮮半島の百済の地域から四～五世紀に我が国にもたらされたことが田中清美によって考察されている。この鋳型片は布留遺跡に、かつて百済系の工人がいた可能性を示す資料として重要である。鋳型片が大溝から出土していることから、付近ではこのような最先端の技術をもった工人によってガラス製品もつくられていたことがわかるのである。

4　鉄器生産

先述のように、杣之内（樋ノ下・ドウドウ）地区の竪穴建物群には、鉄鉗や鞴羽口、鉄滓などを出土するものがあり、鍛冶が布留川南岸地域でおこなわれていたことを示す資料として重要である。また、この竪穴建物群に近接する大溝からは鞴羽口のほか、多量の鉄滓や砥石が出土しており、付近の鍛冶工房から落ち込んだものとみられる。

砥石には玉作りに使用されたと考えられるものもあるが、多くは鍛冶に関連したものとみられる。奥田尚の鑑定によると、その石材には布留川流域でとれるもの以外に、耳成山《みみなしやま》、龍王山《りゅうおうざん》、笠置山《かさぎやま》などさまざまな地域のものがあることが判明している。それぞれの工程により異なる石材の砥石を使い分けていたとみられる。

これまでの調査では古墳時代の鍛冶に関係した炉跡などは発見されていない。しかし、杣之内（樋ノ下・ドウドウ）地区の大溝からは約二〇キロの鉄滓が出土している。溝さらえなどによって層位に混乱があることが報告されているので、これらがすべて古墳時代とは断定できないが、布留川北岸地域の三島（里中）地区の古墳時代の溝や流路などからも鉄滓は多数出土しており（**図51**）、布留川の北と南の両地域で広く鍛冶がおこなわれていたことがわかる。

図51 ● 出土した砥石・鞴羽口・鉄滓
杣之内（樋ノ下・ドウドウ）地区の大溝や三島（里中）地区の古墳時代の流路からは多数の砥石や鞴羽口、鉄滓が出土している。これらは布留川の南北両地域で広く鍛冶がおこなわれていたことを示している。

5 布留の渡来人と工人集団

古墳時代中期、ヤマト王権や地域の有力政権下で生産体制に大きな変革があり、大規模な玉作りや鍛冶などの工房が出現する。先述の橿原市の曽我遺跡や御所市の南郷遺跡群などである。南郷遺跡群では最先端の技術をもった渡来系の工人集団による鉄製品やガラス製品などの生産の実態が明らかにされている。また、河内に置かれた牧《まき》では、蔀屋北《しとみやきた》遺跡のように渡来系の馬飼集団が馬の飼養にあたっていたことが判明している。こうした牧から各地に馬が送り出されたのだろう。古墳時代中期における大きな変革のなかで、朝鮮半島から渡来した人びとの各方面でのめざましい活躍があった。

布留遺跡でも、これまでに渡来人とのかかわりを示す古墳時代中期の韓式系土器などの遺物が出土している。

伽耶地域との交流を示す火焔形透孔の高杯

布留川北岸地域の三島（里中）地区の包含層から出土したものとして報告された高杯の脚部には通常の須恵器にはみられない、おたまじゃくしのような形をした変わった形の透孔があけられていた（図52）。その形状から火焔形《かえんがた》透孔とされている。

この火焔形透孔をもった高杯の分布をくわしく調べた竹谷俊夫は、それらが韓国の慶尚南道咸安郡を中心とした地域に分布することを突き止めた。当時、朝鮮半島南部は五伽耶とも六伽耶とも称される国々の連合体であったが、咸安はそのうちの有力な国の一つがあった所と考えられている。

この火焔形透孔をもつ高杯の存在は、当時の鉄素材の供給地として重要視され、また、須恵器の成立に大きな役割をはたした伽耶地域と布留遺跡のつながりを示す重要な資料となっている。おそらく、こうした資料は新しい技術を携えてやってきた渡来系の工人集団の存在を示しているのであろう。

百済地域との交流を示す鳥足文タタキ

また、布留川南岸地域でも、杣之内（樋ノ下・ドウドウ）地区の一つの土坑（図30・53）からは初期須恵器の杯をはじめ、土師器の高杯や甕、ミニチュアの鍋などとともに、韓式系軟質土器とよばれる格子目タタキの施された壺や平底鉢、把手付鍋などが出土している（図54）。

この土坑は直径一四五×一六五センチの不整円形で、上面から約五〇センチの深さまでは口の大きく開く、すり鉢形を呈するが、そこから下は垂直に近い角度で掘り込まれている。深さは一〇九センチあるが、湧水点には達していなかった。この土坑の埋土の様子をみると、全部でaからfまでの六層が確認されている。こ

図52 ● 火焔形透孔の高杯
高杯の透孔の形状から、朝鮮半島南部の伽耶地域から運ばれてきたことが判明している。

のうちのd層と最下層のf層からは遺物が出土していないが、そのほかから遺物が出土している。これらの遺物には高杯が七点も含まれ、また、ミニチュアの鍋が含まれていたことから、祭祀に用いられた土器がここに投棄されたものとみられる。無遺物層のd層をはさんだ上・下の層から出土した遺物の破片が接合しているので、付近のまつりで用いられた土器が一括して投棄された可能性がある。

そして、これらの土器にいくつかの韓式系土器が含まれていたことは注目される。そのうちの把手付鍋の把手の上面には、布留（西小路）地区の土坑から出土した鍋（**図25参照**）にみられたような韓式系土器特有のヘラによる切り込みが認められた（**図55②**）。さらに興味深いことに、体部の外面には鳥足文《ちょうそくもん》とよばれる鳥の足跡の形をした特殊なタタキが施されていた（**55①**）。この特殊なタタキは、朝鮮半島との交流を考えるうえで、大変重要な情報を伝えてくれる。

鳥足文のついた土器を検討した田中清美は、この土

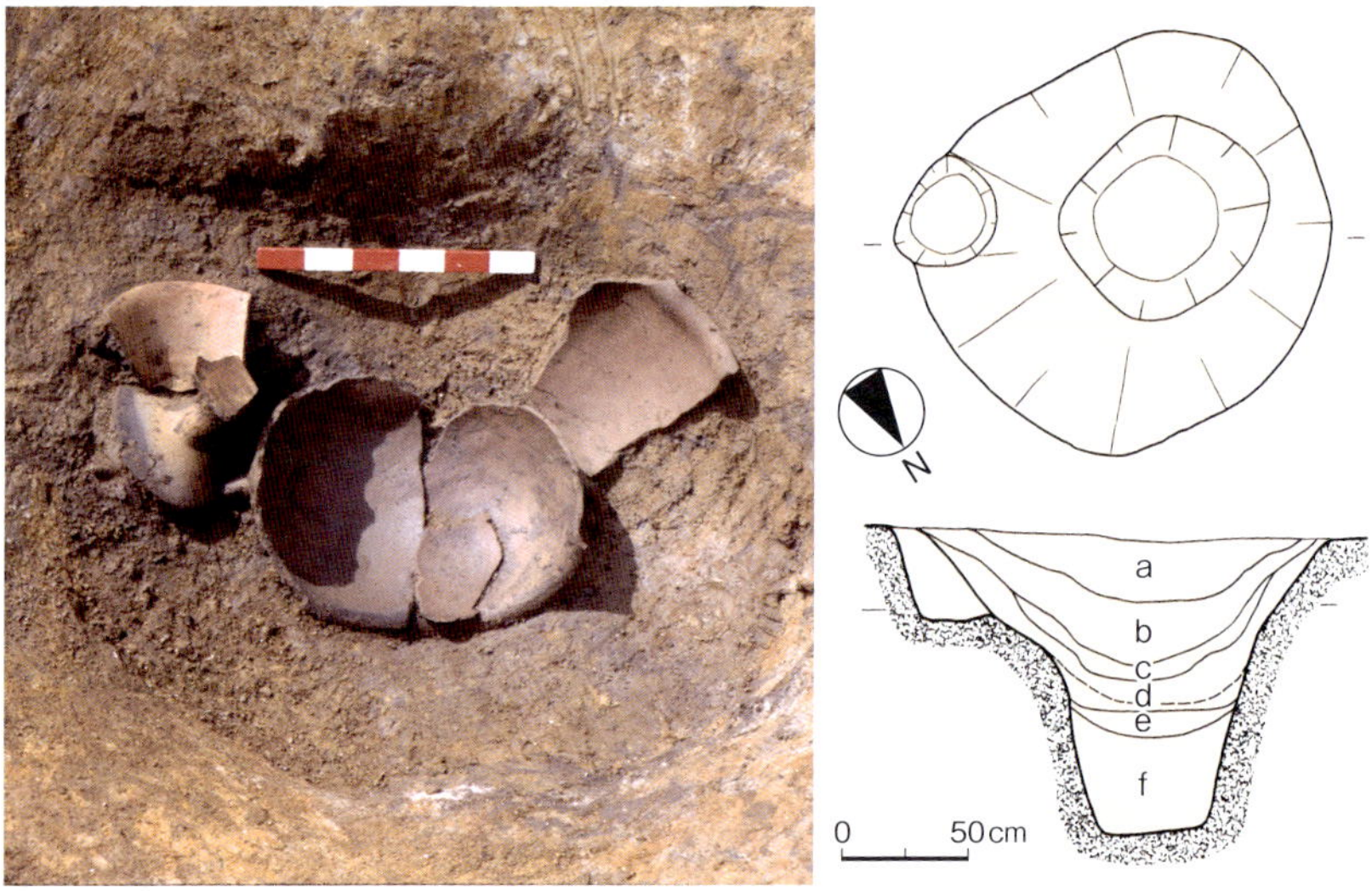

図53 ● 韓式系把手付鍋を出土した土坑（右）**とその出土状況**（左）
韓式系把手付鍋は復元すると完形となった。そのほかの土器には、上・下の層から出土した破片が接合するものもあった。

器が百済特有のものであること、また、日本列島内では五〜六世紀に集中し、とくに五世紀に多くみられ、その分布が九州と畿内にかたよってみられることなどを明らかにした。九州では硬質の陶質土器が多く、近畿地方では軟質の土器が多いという傾向がうかがえるようである。

近畿地方の軟質土器には長胴甕、甑《こしき》、把手付鍋など煮沸用の土器には鳥足文が多数みられることから、これらの土器は朝鮮半島の百済地域からやってきた渡来人が炊飯用具として持ち込んだもので、彼らの定住を示すものとしてとらえられている。田中は鳥足文をA、B、C、Dの四類に分類するが、その多くはA類であるようだ。土坑から出土した把手付鍋のタタキもまたA類である。

こうしたことから考えると、これらの土器を使ったまつりには百済からの渡来系の人びとがかかわっていたことが推測されるのである。ま

図54 ● 土坑から出土した土器
土坑からは韓式系把手付鍋のほか、ミニチュアの鍋や土師器高杯が７点以上も出土しており、祭祀とのかかわりがうかがえる。渡来系の人びとのまつりであろうか。

た、このほかに杣之内（樋ノ下・ドウドウ）地区の大溝からは韓式系の壺が出土している（図55③）。口縁部が歪《ゆが》んでいるが、胎土は精良で外面には、やはり鳥足文タタキが施されている。

　以上のように、限られた資料からではあるが、朝鮮半島の伽耶や百済の地域からの人びとの存在をうかがわせるような遺物が布留遺跡にみられ、この地にもまた鍛冶や馬の飼育のほか、大型倉庫の建設などに最先端の技術をもった伽耶や百済からの渡来系集団の活躍があったことが推測される。

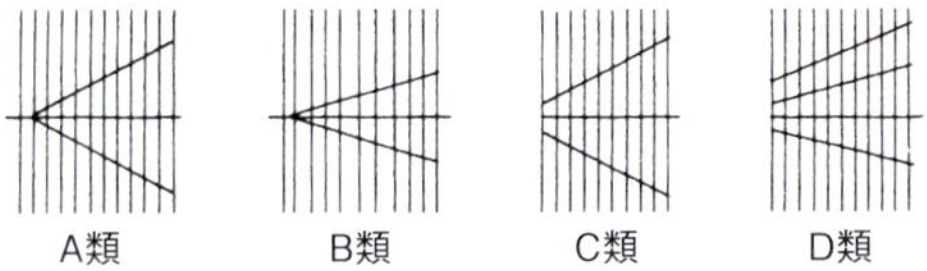

①鳥足文

②土坑出土韓式系把手付鍋

③大溝出土韓式系壺

図55 • 鳥足文分類図と鳥足文のついた土器
①は、田中清美の分類による鳥足文。②の把手の上面には韓式系土器特有の切り込みがあり、体部にＡ類の鳥足文がみられる。③の口縁部は大きくゆがみ、体部にはＣ類とみられるかなり崩れた鳥足文が認められる。

6　工人の築いた群集墳—赤坂古墳群

百済系の工人集団

布留遺跡の豪族居館や大型倉庫のある杣之内（樋ノ下・ドウドウ）地区の南には、約一五〇メートルの浅い谷を隔てて、長さ一〇〇メートル、幅四〇メートルほどの独立丘陵が位置する（図56）。この小高い丘の限られた墓域に古墳時代中期末から後期にかけて小規模な二〇基あまりの古墳が密集して築かれていた（図57・58）。興味深いのは、そのうちの赤坂一七号墳と一八号墳の間の周溝から鞴羽口や鉄塊、鉄滓（図59下）が、赤坂二号・四号・六号・九号墳からは鉄滓が出土していることである。このことは、これらの古墳の被葬者が鍛冶工人であったことを示している。

さらに、赤坂一四号墳出土の韓式系の甕（図59上）には、外面に鳥足文のタタキがみられ、その造営者が百済系の渡来人であったことを教えてくれる。このことから、赤坂古墳群の造営者は百済系の工人集団であったことが

図56 ● 杣之内（樋ノ下・ドウドウ）地区からみた赤坂古墳群
工房に関連したとみられる竪穴建物群の南には、浅い谷を隔てて、鍛冶集団の残した赤坂古墳群が間近にみえる。

推測されるのである。

赤坂古墳群の造墓単位は、墳丘が削平されており、古墳の時期の決定をむずかしくしているが、群の形成をみていくと、この狭い範囲の墓域に造墓が開始されるのは、古墳時代中期末のことである。以後、後期まで連綿として古墳は築造され、その後、追葬がおこなわれている。

渡来系工人集団の定住

造墓開始期の古墳時代中期末には九号墳、一九号墳が築造され、一七号墳などもその立地から築造当初のものとみなされることから、赤坂古墳群ではこれらの古墳を造営した数家族を核として代々の古墳が築造されていったものとみられる。また、その造墓集団が鍛冶工人であり、しかも、彼らが百済からの渡来系工人であったことをみてきた。ここで重要なのは、赤坂古墳群の継続する造墓活動によって、彼らが数世代にわたって布留の地に定住していたことが判明したことである。

赤坂古墳群は小型の古墳が密集し、なかには前代の古墳を壊さなければ古墳を築けなかったものがあること、また埴輪をもつものがみられないことや、副葬品では土器以外に土玉や金環、

図57 • 赤坂古墳群全景
限られた丘陵上の墓域に小形の円墳や方墳が密集する。なかには前代の古墳をこわして墳丘を築造しているものもみられた。

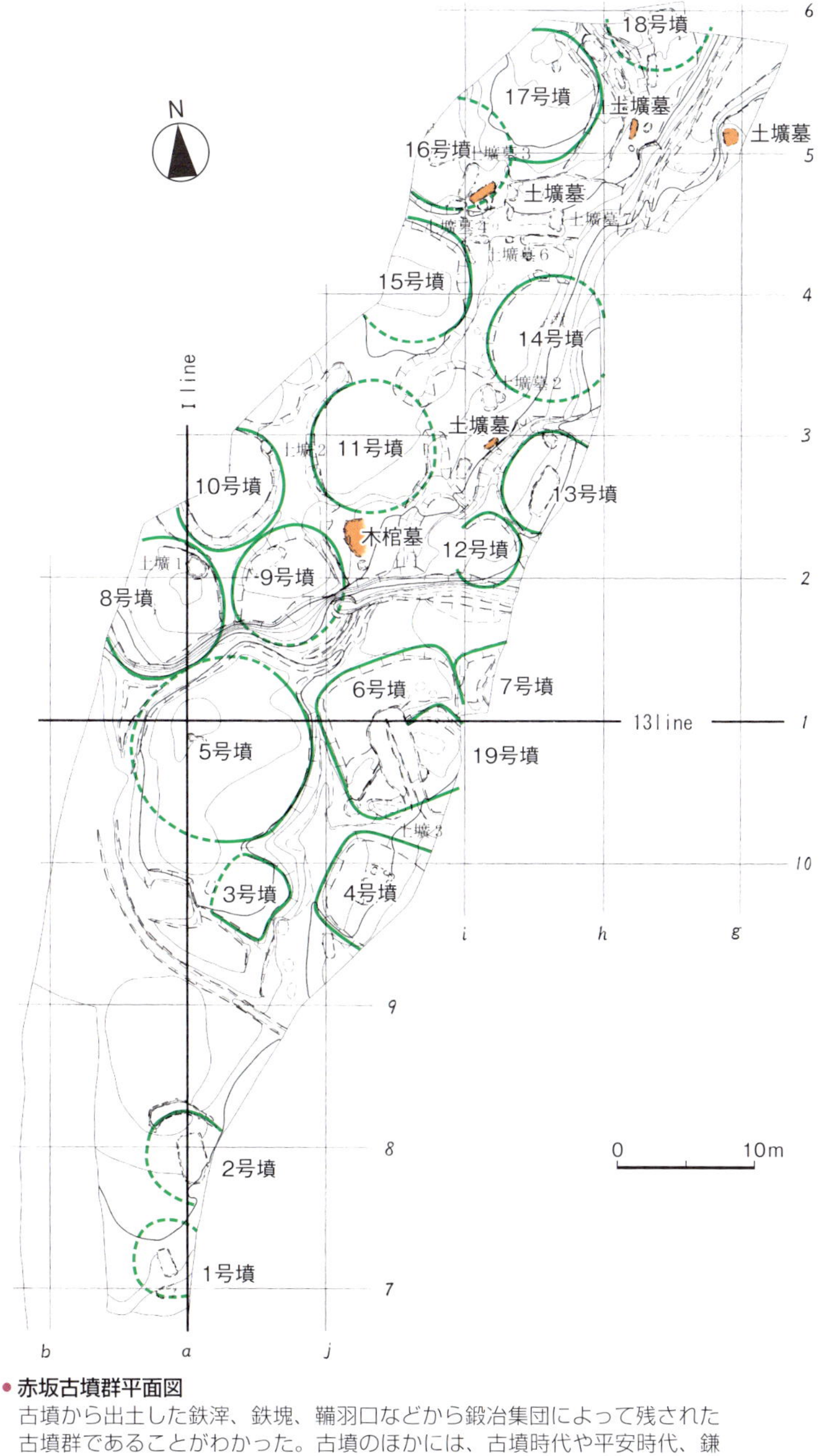

図 58 ● 赤坂古墳群平面図

古墳から出土した鉄滓、鉄塊、鞴羽口などから鍛冶集団によって残された古墳群であることがわかった。古墳のほかには、古墳時代や平安時代、鎌倉時代の木棺墓や土壙墓が発見されている。

鉄鏃しかみられないことなど、被葬者の集団内での階層は、けっして高くなかったことを示している。

布留遺跡周辺では古墳時代中期末頃になると赤坂古墳群のように、集落に近接して小規模な群集墳があらわれるが、後期になると東方の山麓に大規模な群集墳がつくられはじめる。布留遺跡の北東に位置する石上・豊田古墳群は、二〇〇基以上の古墳からなる古墳群であるが、ここでもやはり、石峯南二号墳から鞴羽口と鉄滓が、石上北A五号墳・石上B三号墳、タキハラ三号墳から鉄滓が、また、ホリノヲ二号墳からは鉄鉗と鉄槌《かなづち》が出土しており、鍛冶にかかわる人びとがさまざまな形で古墳を造営していく姿をみることができる。

図59 ● 赤坂14号墳出土の鳥足文の ついた韓式系甕（上）と17・18号墳出土遺物（下）
14号墳出土の甕により、古墳群が百済系の鍛冶集団によって残されたものであることが明らかとなった。17・18号墳からは鍛冶との関係を示す鉄滓や鞴羽口のほか、鉄素材である鉄塊も出土している。鉄滓はこのほか赤坂2・4・6・9号墳から出土している。

第５章　その後の物部連氏

1　王権の中枢で活躍する物部連氏

石上氏となった物部連氏

五〜六世紀に大きな勢力を誇っていた物部氏は、仏教導入をめぐる蘇我氏との争いで、排仏派の物部守屋の大連家が五八七年に馬子によって滅ぼされるが、七世紀以降もその勢力を保ちつづけていた。六八四年には物部麻呂が物部連から物部朝臣となり、のちに石上《いそのかみ》朝臣となって石上氏を名のり、左大臣にまでのぼっている。また、子の石上乙麻呂《おとまろ》は中納言に、その子の石上宅嗣《やかつぐ》は大納言というように、中央の政権下では最高位に近い重要な地位を占めていた。

このことを裏づけるかのように、杣之内（樋ノ下・ドウドウ）地区の溝や井戸からは飛鳥時代や奈良時代の軒丸瓦のほか、奈良三彩の壺が出土していることが注目される（図60）。

平城宮式軒丸瓦の出土

奈良時代の瓦は、溝2の縁辺部に掘り込まれた井戸1とよばれる、直径二・五×二・八メートルの円形のりっぱな井戸から出土している（図30参照）。その井戸枠は六枚の縦長の板を二段に組み合わせ、深さは四・二メートルあった。瓦は井戸が廃絶した後の埋土から出土しているが、この瓦は、平城京の瓦と報告されている。はたしてどのような建物に使用されたかはわからないが、飛鳥時代の軒丸瓦や奈良三彩などが出土していることから、布留川南岸地域の杣之内（樋之下・ドウドウ）地区を中心としたあたりは、古墳時代以降、七世紀から八世紀にかけても引きつづき、重要な場所であったことがわかる。

2　国内屈指の終末期古墳と火葬墓

以上のように、物部連氏が石上氏を名乗るようになった七世紀から八世紀にかけても、大きな勢力をもち

奈良時代の軒丸瓦

飛鳥時代の軒丸瓦

奈良三彩の壺

図60●杣之内（樋ノ下・ドウドウ）地区出土の奈良三彩と瓦
布留遺跡の中枢地域であった杣之内（樋ノ下・ドウドウ）地区からは飛鳥・奈良時代の軒丸瓦や奈良三彩の壺が出土しており、この時期にも重要な施設があったことを推測させる。

つづけていたことは集落の様子からうかがうことができるが、その勢力の絶大さは、布留遺跡に蟠踞《ばんきょ》した豪族の奥津城である杣之内古墳群の首長墓にもあらわれている。

杣之内古墳群については第3章で述べたが、古墳時代終末期から奈良時代にかけても古墳や火葬墓などの首長墓が連綿と残されている。

ここで、全国屈指の終末期古墳である塚穴山《つかあなやま》古墳、峯塚古墳と奈良時代の杣之内火葬墓をみてみよう。塚穴山古墳には埋葬施設に石舞台式の大規模な横穴式石室が、また、峯塚古墳には切石づくりの岩屋山《いわややま》式横穴式石室がみられ、また、杣之内火葬墓からは船載の海獣葡萄鏡《かいじゅうぶどうきょう》や銀製のかんざしが出土していて、被葬者が当時の最高位に近い身分の豪族であったことを知ることができるのである。

塚穴山古墳

先の大型倉庫が発見された杣之内（樋之下・ドウドウ）地区から南西に五〇〇メートルほどの地点に位置する七世紀前半の大型の円墳である。古墳は西山古墳の北側を西にのびる丘陵の南斜面に築かれている。現在、墳丘の上部は削平され、天井石の持ち去られた横穴式石室が露出している（図61）。

一九六四年の天理参考館の発掘調査によって、墳丘は径六五メートルで、周囲には幅一三・五メートルの濠がめぐらされていることが判明している。さらにその外には外堤がつくられており、一九八八年の埋蔵文化財天理教調査団の調査によって、外堤を含めた規模は一〇〇メートルを超えるものとなることが明らかとなった。石舞台古墳の墳丘規模が一辺約五〇メートル、外堤までを含めると八〇メートル前後であるのとくらべても、いかにその規模が大きなものであるかがわかる。終末期古墳のなかでも最大級の規模である。

主体部は巨石を使った両袖式の横穴式石室で、全長は一六・五メートルに達する。玄室長七・〇メートル、幅三・一メートル。羨道の長さ九・五メートル、幅二・六メートル。玄室の床面には大型の石を敷き、その周囲には溝がめぐらされている。その規模は群を抜いて大きい。明日香村の石舞台古墳の玄室が長さ七・六メートル、幅三・五メートルとくらべても遜色のない規模である（図62）。

徹底した盗掘を受けていたため、残念ながら出土遺物は内側に丹を塗った凝灰岩製組合式石棺の破片や土師器片、須恵器片、鉄製銀糸捲刀把断片、鉄鎌しか確認されていない。しかし、墳丘規模や

図61 ● 塚穴山古墳の石室
石舞台古墳に匹敵する規模の横穴式石室。

石室に使用された石材の大きさ、石室規模などからみると、あるいは蘇我馬子の墓ではないかとされる石舞台古墳に匹敵するか、墳丘規模ではそれを上回っている。塚穴山古墳の被葬者像には、時の最高権力者、蘇我馬子に匹敵するような勢力をもった豪族の姿をみることができる。

物部守屋の大連家は蘇我馬子によって滅ぼされるが、布留の地で活躍した物部連

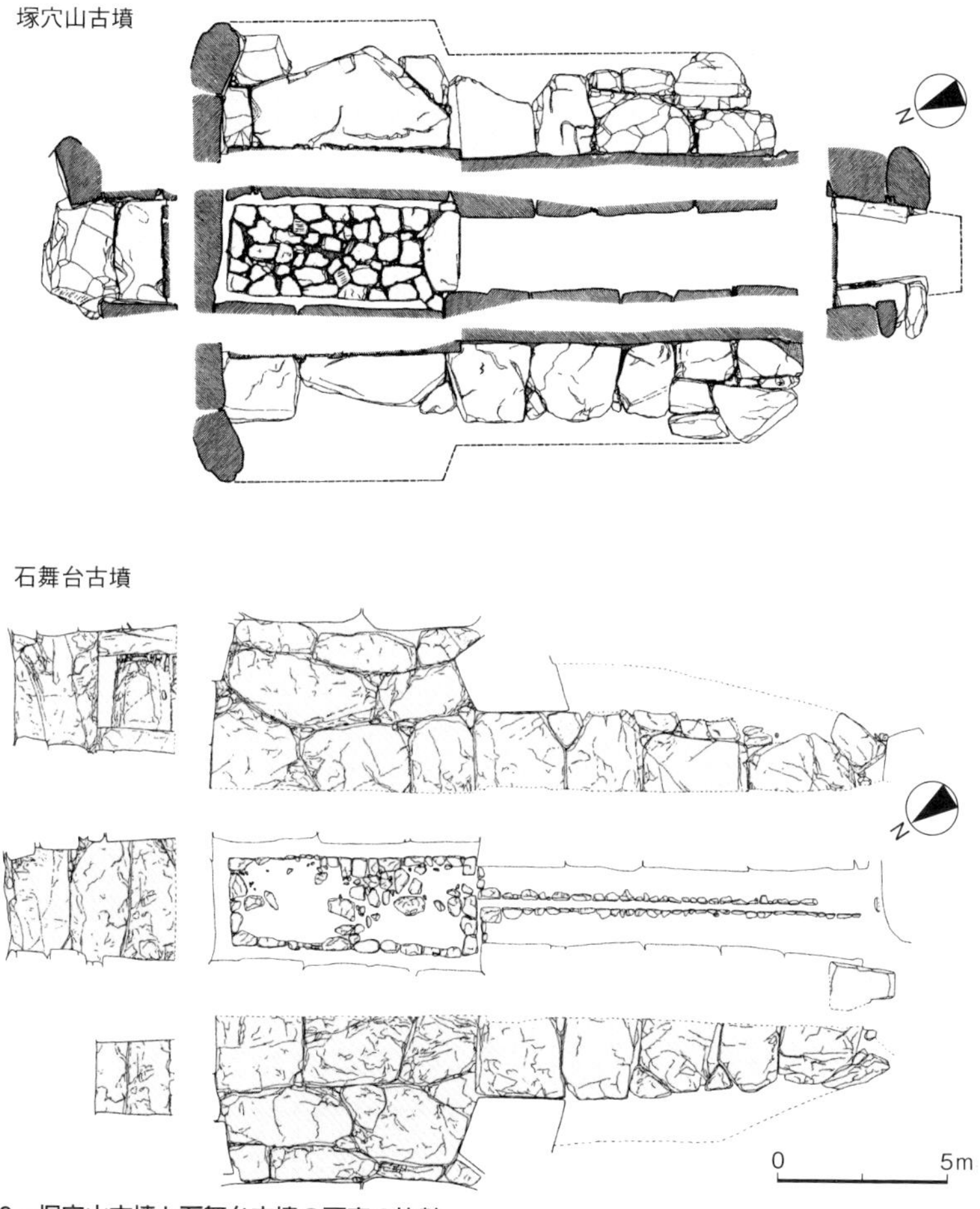

図62 ● 塚穴山古墳と石舞台古墳の石室の比較
同一の縮尺率で並べてみると、塚穴山古墳の規模や石材の大きさは
石舞台古墳とくらべても遜色がないことがわかる。

氏は守屋の兄にあたる大市御狩《おおちのみかり》の系統であったと考えられ、この古墳は大市御狩の墓の可能性がある。

峯塚古墳

塚穴山古墳から東に六五〇メートル東の、丘陵の南斜面をカットしてつくられた円墳である。一九六九年に天理大学歴史研究会によって測量調査がおこなわれ、墳丘が三段につくられた、直径三五・五メートルの美しい円形を描く古墳であることが明らかとなった（**図63下**）。

各段の斜面には葺石が認められたが、とくに注目されるのは、上段斜面に天理砂岩の切石を用いた葺石が認められたことである。この葺石は長方形やL字形に成形されたものが、隙間なく組み合わされて墳丘斜面をおおっていた（**図63上**）。明日香村の酒船石遺跡の天理砂岩の石積み遺構などを彷彿とさせるものである。

図63 ● 峯塚古墳全景（下）**と墳丘の葺石**（上）
三段築成の精美な円墳で、三段目には豊田山から切り出した天理砂岩の切石を隙間なく敷き並べている。

埋葬施設は、切石造りの岩屋山式とよばれる表面をきれいに整形した両袖式の横穴式石室である（図64）。岩屋山式の横穴式石室は、明日香村の岩屋山古墳の石室を標識とする石室で終末期古墳の編年の基準になっている。白石太一郎の編年では、石舞台式の石室より新しい時期の七世紀中葉から第３四半期頃の年代が考えられている（図65）。また、白石は岩屋山古墳の墳形について、八角墳の可能性を示唆している。八角墳は七世紀中葉から八世紀はじめにかけての大王陵に採用された墳形と考えられていて、岩屋山古墳は斉明陵の可能性が示されている。このようにみると、八角墳の岩屋山古墳で採用された岩屋山式の横穴式石室は、大王陵クラスの古墳に採用された横穴式石室とみることができ、峯塚古墳がそれと同型式の石室を採用していることは、被葬者の地位が前代の塚穴山古墳の被葬者と同様に、当時の政権内で最高位に近い地位を保持していたことを示しているものと理解できるのである。

このようにみると、峯塚古墳の被葬者は、まさに斉明朝に活躍した有力者であったことが考えられる。古墳の葺石に付近の豊田山で産出する天理砂岩の切石を

図64 ● 峯塚古墳の横穴式石室
石室は切石造りの岩屋山式とよばれる大王陵クラスの横穴式石室を採用している。

貼りめぐらしているのも、斉明朝に造営された明日香村の酒船石遺跡でみられた天理砂岩の活用と密接に関連するものと推定できる。

　酒船石遺跡の造営に際しては、大量の天理砂岩が必要とされたことであろう。豊田山から天理砂岩を切り出し、明日香まで運搬することを考えると、膨大な労働力が必要とされたことは容易に想像がつく。ここに、斉明朝における国家的祭儀の場などの造営に際して、絶大な勢力を背景として活躍した峯塚古墳の被葬者の姿が彷彿とされるのである

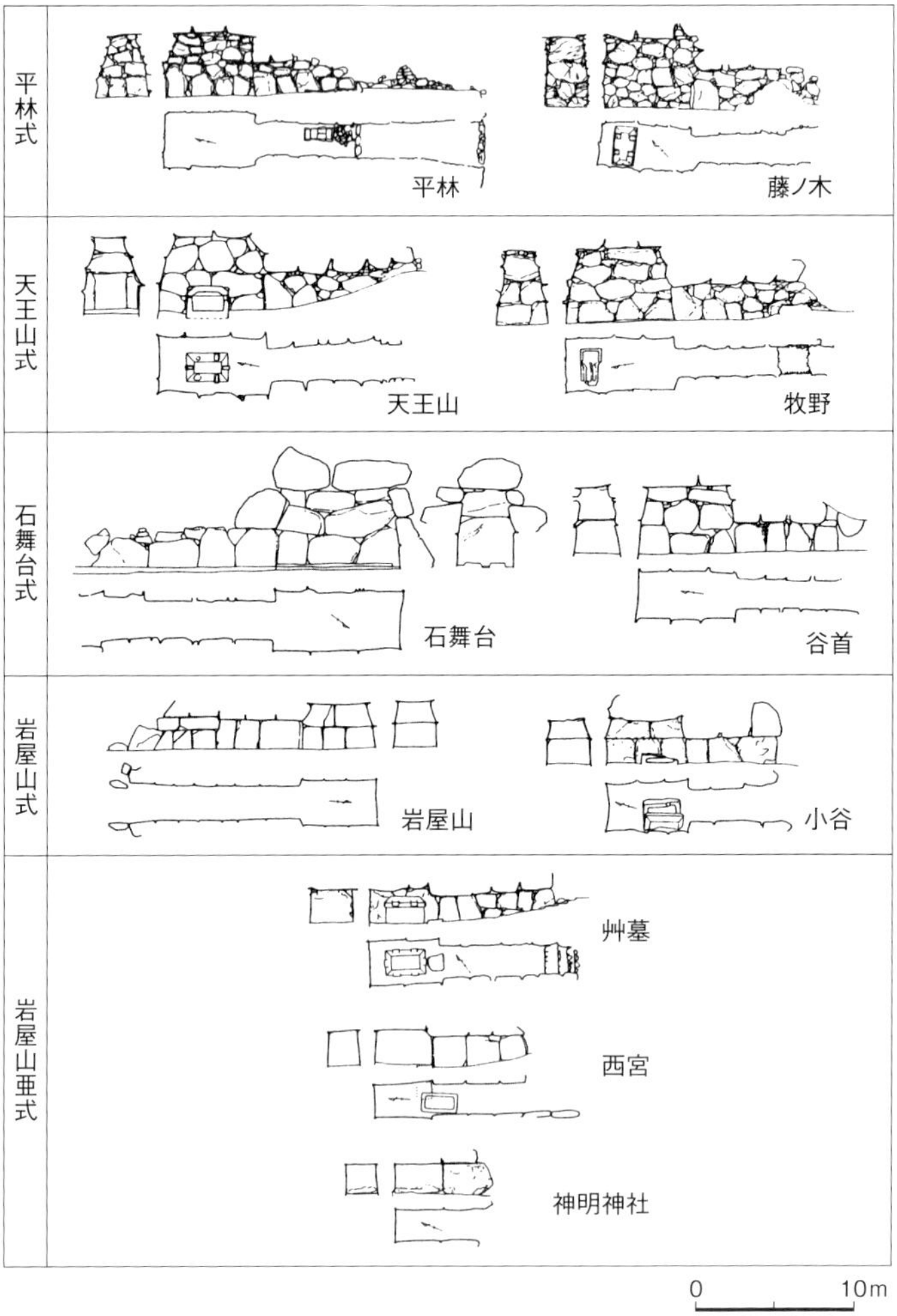

図65●白石太一郎による横穴式石室編年図

杣之内火葬墓

七世紀に石上氏となった物部連氏の活躍は奈良時代にもつづいたようである。杣之内古墳群の一角、杣之内集落の南方の西にのびる丘陵上に奈良時代の杣之内火葬墓はつくられている。

火葬墓は丘陵の尾根筋をやや南にはずれたところに、半径五・五メートルの半円形の穴が掘られていた。この穴は砂質土と粘土を交互に積んで丁寧に埋め戻されていた。高松塚古墳の墳丘にみられたような版築とよばれる工法が、埋め戻しに採用されたような感がある。版築とは土質の異なる土を交互に積んで、棒で突き固めていく技法で、突き固められた土層は非常に堅固となる。古墳の墳丘や寺院の基壇、壁、築地塀などに用いられた。火葬墓は埋め戻しが完了した後、火葬骨をいれた木製の櫃《ひつ》（箱）をおさめるための穴が再度掘られている（図66）。

この穴は一辺が一・三メートルほどの方形で、深さは〇・九メートルあった。そこには、七〇×四五センチほどの木櫃がおさめられていた。身はコウヤ

図66 ● 杣之内火葬墓
中央の方形の穴には火葬骨の入った木櫃が納められていた。
図67の海獣葡萄鏡は木櫃の外に置かれていた。

マキ製で、蓋には杉材が使われていた。木櫃の残りはよくなかったが、ここからは細片となった火葬骨がまとまって出土している。火葬骨とともに銀製のかんざしや、鳩目形の金具が出土している。かんざしは火葬の際に高熱を受け、一部が溶解していた。

この木櫃の外からは海獣葡萄鏡（図67）が一面出土している。これは精巧なつくりの中国唐代のものとみられる。遣唐使によってわが国にもたらされたものであろうか。同型鏡としては黒川古文化研究所蔵品や天理参考館蔵品などが知られている。

杣之内火葬墓からは年代を決定できるような土器は出土しなかったが、出土した海獣葡萄鏡などから奈良時代のものであったと考えられる。また、その規模や火葬墓の入念な造作、副葬品の海獣葡萄鏡の存在などから高位の貴族のための墓であったとみられる。その被葬者については、わが国最初の公開図書館、芸亭《うんてい》をつくった正二位大納言の石上宅嗣とする近江昌司の説がある。

図67 ● 海獣葡萄鏡
精巧なつくりで、唐代に中国で製作されたものとみられる。あるいは遣唐使が持ち帰ったものであろうか（直径12.1㎝）。

3　布留遺跡の今後の課題

北岸のまつりと布留氏

布留遺跡のこれまでの調査で布留川の北岸地域では布留川の支流が何度も流路を変えて流れていたことが判明している。古墳時代中期前半にはそうした流れの周辺でまつりがおこなわれていた。

布留（堂垣内）地区では石敷に多数の土器と滑石製模造品を用いたまつりがおこなわれていた。関西では屈指の祭場であり、布留の首長がおこなった農耕のまつりの場と考えられる。

また、布留（アラケ）地区では巴形や半円形、四角形、三角形などの透孔が多数うがたれた、他に例をみない特異な円筒埴輪や朝顔形埴輪が砂礫中からまとまって出土し、伴出遺物から祭場を画するために用いられたものと推測された。その近くからは滑石製の臼玉をともなって大量の土器が投棄された場所が発見された。土器の大半は供献用の土師器高杯で、付近でおこなわれたまつりに使用されたものとみられ、多数の人びとの参加するまつりが想定される。

同様の例は豊井（宇久保）地区でもみられ、ここでは六〇個体以上の土師器高杯が古墳時代の川辺から滑石製模造品や鉄製ミニチュア農耕具とともに出土している。ミニチュア農耕具は川沿いのまつりが農耕のまつりであったことを示唆する。

このように古墳時代中期前半には、布留川北部の布留川の支流を中心として、在来の首長による農耕のまつりがおこなわれていたとみられるのだが、この時期の首長の居館をはじめとした布留遺跡の中枢がどこにあったのかは今後解明していかなければならない問題である。

南岸のまつりと物部連氏

布留遺跡では、古墳時代中期末には杣之内（樋ノ下・ドウドウ）地区で物部連氏の台頭を思わせる居館や大型倉庫の建設、大溝の掘削など、集落の発展を考えるうえでの大きな画期がみられた。大溝からは九〇センチを超える須恵器の大型甕が出土しており、近辺で首長のまつりがおこなわれたことを示している。大溝で画された居館エリアに首長の祭場が設けられたのだろう。つづく古墳時代後期前半には溝2が掘削され、大型倉庫の建てかえがおこなわれる。規模は縮小するが倉庫は存続している。工房との関連が考えられる竪穴建物群があらわれるのもこの時期である。

溝2からは滑石製の紡錘車や有孔円板、土製紡錘車、ミニチュアの土師器壺、須恵器器台、特殊な形状の土師器器台などが出土しており、大溝と溝2によって囲まれた一画は、古墳時代後期（六世紀）の首長のまつりに関係した場所であったと推測されている。

一方、布留川南岸で確認された布留（西小路）地区の土坑群は、その状況から首長に従属する、工人などのより下位の集団のまつりにかかわるものであったとみられる。しかも、遺構の年代は五世紀の中頃から後半を中心とする時期のものとされ、明らかに大型倉庫などの出現の時期をさかのぼるものが認められ、工人などのまつりが布留川南岸ですでにおこなわれていたことを示している。そこにはU字形鋤（鍬）先などのほか、より時期のさかのぼる韓式系の鍋など渡来系の集団とのかかわりを示すものが認められた。杣之内（樋ノ下・ドウドウ）地区でも初期須恵器や鳥足文タタキのついた鍋の出土した祭祀土坑が発見されており、渡来系の人びとの布留川南岸地域への定住の様子がうかがえる。

この地にやってきた物部連氏は在地と渡来系の集団を配下におさめ、この地に大きな変革をもたらしたことは先述のとおりであるが、それ以前の集団関係がどのようなものであったのかを解明することが今後の課題である。

主要参考文献

相原嘉之　二〇〇三「飛鳥大嘗宮論　初期大嘗宮と酒船石遺跡」『續文化財學論集』第一分冊　文化財学論集刊行会

相原嘉之　二〇〇六『酒船石遺跡発掘調査報告書』明日香村教育委員会

飯田浩光ほか　二〇一〇『鉄とヤマト王権』大阪府立近つ飛鳥博物館

石上神宮編　一九二九『石上神宮宝物誌』石上神宮（一九八〇、吉川弘文館復刊）

近江昌司　一九八三「奈良時代官人と杣之内火葬墓―被葬者の問題―」『奈良県天理市杣之内火葬墓　杣之内グラウンド用地調査報告書』埋蔵文化財天理教調査団

太田三喜　二〇〇六『奈良県天理市布留遺跡豊井（宇久保）地区発掘調査報告書』埋蔵文化財天理教調査団

置田雅昭ほか　一九七九『布留遺跡範囲確認調査報告書』天理市教育委員会

置田雅昭　一九八〇「古墳時代手工業の一例―奈良県天理市布留遺跡に於ける玉作り―」『日本民族文化とその周辺』

置田雅昭　一九八八「禁足地の成立」『大神と石上』筑摩書房

西光慎治　二〇〇七「王陵の地域史研究―飛鳥地域の終末期古墳測量調査報告Ⅱ―」『明日香村文化財調査研究紀要』第六号　明日香村教育委員会

酒巻忠史　一九九八「東国における古墳時代の鋳造技術について―鶴ヶ岡一号墳出土の小型鋳型を中心に―」『君津郡市文化財センター研究紀要』Ⅷ（財）君津郡市文化財センター

白石太一郎　一九八二「畿内における古墳の終末」『国立歴史民俗博物館研究報告』第一集　国立歴史民俗博物館

白石太一郎　二〇〇五『古代を考える　終末期古墳と古代国家』吉川弘文館
末永雅雄・小林行雄・中村春寿　一九三八「大和に於ける土師器住居阯の新例」『考古学』第九巻第一〇号　東京考古学会
鈴木健夫　一九七九「出土馬歯・馬骨の鑑定Ⅰ」『布留遺跡範囲確認調査報告書』天理市教育委員会
高野政昭　一九八八「布留遺跡出土の古墳時代製塩土器」『天理大学学報』第一五七輯　天理大学学術研究会
高野政昭　一九九六『布留遺跡布留（西小路）地区古墳時代の遺構と遺物』埋蔵文化財天理教調査団
高野政昭ほか　二〇一〇『杣之内（赤坂）地区・杣之内（北池）地区発掘調査報告書』埋蔵文化財天理教調査団
竹谷俊夫　一九八五「初期須恵器の系譜に関する一考察―火焔形透孔をもつ陶器を中心に―」『天理大学学報』第一四五輯　天理大学学術研究会
竹谷俊夫　一九九〇「塚穴山古墳発掘中間報告」『天理参考館報』第三号　天理大学出版部
竹谷俊夫　一九九三「石上神宮出土の遺物」『天理参考館報』第六号　天理大学出版部
竹谷俊夫・日野宏　一九九三「布留遺跡杣之内地区出土の初期須恵器と韓式系土師器―土壙出土の遺物をめぐって―」『韓式系土器研究』Ⅳ　韓式系土器研究会
田中清美　一九九四「鳥足文タタキと百済系土器」『韓式系土器研究』Ⅴ　韓式系土器研究会
田中清美　二〇〇七「たこ焼き型鋳型」によるガラス小玉の生産」『大阪歴史博物館研究紀要』第六号　大阪歴史博物館
次山　淳　一九九三「布留式土器における精製器種の製作技術」『考古学研究』第四〇巻第二号　考古学研究会
天理大学附属天理参考館　一九八九『布留遺跡出土の埴輪』
天理大学附属天理参考館　二〇〇一『天理参考館常設展示図録』
天理大学附属天理参考館　二〇一二『大布留遺跡展―物部氏の拠点集落を掘る―』
藤井　稔　二〇〇五『石上神宮の七支刀と菅政友』吉川弘文館
松前　健　一九八五「石上神宮の祭神とその祭祀伝承の変遷」『国立歴史民俗博物館研究報告』第七集　国立歴史民俗博物館
山内紀嗣　一九九二『奈良県天理市峯塚古墳・西乗鞍古墳・鑵子塚古墳測量調査報告』天理大学歴史研究会
山内紀嗣　一九九五『奈良県天理市布留遺跡三島（里中）地区発掘調査報告書』埋蔵文化財天理教調査団
山内紀嗣　二〇一〇『奈良県天理市布留遺跡杣之内（樋ノ下・ドウドウ）地区発掘調査報告書遺構編』埋蔵文化財天理教調査団
山内紀嗣　二〇一二『奈良県天理市布留遺跡杣之内（樋ノ下・ドウドウ）地区発掘調査報告書遺物編』埋蔵文化財天理教調査団
吉田　晶　二〇〇一『七支刀の謎を解く―四世紀後半の百済と倭』新日本出版社
和田　萃　一九八八「祭祀の源流―三輪山と石上山―」『大神と石上―神体山と禁足地』筑摩書房

布留遺跡

・奈良県天理市杣之内・守目堂・豊井・布留町ほか

現在、遺跡は埋め戻されているので、見学はできない。

天理大学附属天理参考館

・天理市守目堂町２５０番地

・電話　０７４３（63）８４１４

・開館時間　９：30〜16：30（入館は16：00まで）

・休館日　火曜日（祝日の場合は、もっとも近い平日。ただし毎月25・26日、４月17〜19日、７月26日〜８月２日、１月５〜７日の期間は火曜日も開館）、４月28日、８月13〜17日、12月27日〜１月４日。

・入館料　大人４００円、小・中学生２００円

・交通　ＪＲ桜井線天理駅・近鉄天理線天理駅下車、徒歩約20分。車で、天理ＩＣより南へ３キロの守目堂交差点を左へ。天理東ＩＣより南へ３キロの杣之内交差点を右へ。

・最新情報は、次の天理参考館ウェブサイトにて確認してください。

https://www.sankokan.jp/

世界各地の資料を通してそれぞれの地域に住む人びとの生活や歴史を知り、お互いのこころを理解することを目的として、世界各地の生活文化資料・考古美術資料約30万点を収蔵し、約３千点を常設展にて公開している。そのほか公開講演会「トーク・サンコーカン」や音楽を通して文化を知る「参考館メロディユー」、ワークショップなどさまざまなイベントも開催。布留遺跡の出土品は常設展示されている。

天理大学附属天理参考館

日本考古展示コーナー

遺跡には感動がある

――シリーズ「遺跡を学ぶ」刊行にあたって――

「遺跡には感動がある」。これが本企画のキーワードです。

あらためていうまでもなく、専門の研究者にとっては遺跡の発掘こそ考古学の基礎をなす基本的な手段です。また、はじめて考古学を学ぶ若い学生や一般の人びとにとって「遺跡は教室」です。

日本考古学では、もうかなり長期間にわたって、発掘・発見ブームが続いています。そして、毎年厖大な数の発掘調査報告書が、主として開発のための事前発掘を担当する埋蔵文化財行政機関や地方自治体などによって刊行されています。そこには専門研究者でさえ完全には把握できないほどの情報や記録が満ちあふれています。しかし、その遺跡の発掘によってどんな学問的成果が得られたのか、その遺跡やそこから出た文化財が古い時代の歴史を知るためにいかなる意義をもつのかなどといった点を、莫大な記述・記録の中から読みとることははなはだ困難です。ましてや、考古学に関心をもつ一般の社会人にとっては、刊行部数が少なく、数があっても高価なその報告書を手にすることすら、ほとんど困難といってよい状況です。

いま日本考古学は過多ともいえる資料と情報量の中で、考古学とはどんな学問か、また遺跡の発掘から何を求め、何を明らかにすべきかといった「哲学」と「指針」が必要な時期にいたっていると認識します。

本企画は「遺跡には感動がある」をキーワードとして、発掘の原点から考古学の本質を問い続ける試みとして、日本考古学が存続する限り、永く継続すべき企画と決意しています。いまや、考古学にすべての人びとの感動を引きつけることが、日本考古学の存立基盤を固めるために、欠かせない努力目標の一つです。必ずや研究者のみならず、多くの市民の共感をいただけるものと信じて疑いません。

二〇〇四年一月

戸沢充則

著者紹介

日野　宏（ひの・ひろし）

1957年、奈良県生まれ。

天理大学文学部卒業。

天理大学附属天理参考館学芸員。

主な著書　「大和における首長系譜の一例—杣之内古墳群の首長墓の変遷—」『天理大学学報』第145輯（天理大学学術研究会）、「群集墳にあらわれた古墳時代後期の集団関係について」『西谷眞治先生古稀記念論文集』（西谷眞治先生の古稀をお祝いする会編）、『東大寺山古墳の研究』（共著、真陽社）、『東大寺山古墳と謎の鉄刀』（共著、雄山閣）、『杣之内古墳群の研究』（共著、杣之内古墳群研究会）ほか。

写真提供（所蔵）
梅原章一：図1／石上神宮：図3〜5／天理大学附属天理参考館：図9・11〜17・63上・天理大学附属天理参考館外観・日本考古展示コーナー／埋蔵文化財天理教調査団：図18・19・22〜26・28・29・31・32・35〜45・49〜57・59・60・66・67／明日香村教育委員会：46〜48／山内紀嗣：図63下

図版出典（一部改変）
図2：国土地理院2万5千分の1地形図「大和郡山」／図6：置田1988／図7：竹谷1993／図8：末永ほか1938／図10：次山1993／図14：天理大学附属天理参考館1989／図20：太田2006／図21：飯田ほか2010／図22：高野1996／図27：高野作成／図30・31・33・36・39・44：山内2010／図34：天理大学附属天理参考館2001／図53：竹谷・日野1993／図55：田中1994／図58：高野ほか2010／図62：竹谷1990、西光2007／図65：白石2005

上記以外は著者

シリーズ「遺跡を学ぶ」140

物部氏《もののべし》の拠点集落　布留《ふる》遺跡

2019年12月10日　第1版第1刷発行

著　者＝日野　宏

発行者＝株式会社　新 泉 社
東京都文京区本郷2−5−12
TEL 03（3815）1662／FAX 03（3815）1422
印刷／三秀舎　製本／榎本製本

ISBN978−4−7877−1940−9　C1021

シリーズ「遺跡を学ぶ」

第1ステージ（各1500円＋税）

第2ステージ（各1600円＋税）